本书由教育部人文社会科学研究青年基金项目资助（项目编号：19YJC630143）

苏雪梅　陶　鸠　陆建军　著

文化与制度逻辑的微观机制研究

知识产权出版社
全国百佳图书出版单位
北京

图书在版编目（CIP）数据

文化与制度逻辑的微观机制研究/苏雪梅，陶鸠，陆建军著. —北京：知识产权出版社，2024.5

ISBN 978 - 7 - 5130 - 9364 - 4

Ⅰ.①文… Ⅱ.①苏… ②陶… ③陆… Ⅲ.①企业文化—关系—企业制度—理论研究 Ⅳ.①F272 - 05②F271

中国国家版本馆 CIP 数据核字（2024）第 095780 号

责任编辑：罗　慧　　　　　　　责任校对：谷　洋
封面设计：乾达文化　　　　　　责任印制：刘译文

文化与制度逻辑的微观机制研究

苏雪梅　陶　鸠　陆建军　著

出版发行：知识产权出版社有限责任公司		网　　址：http://www.ipph.cn	
社　　址：北京市海淀区气象路 50 号院		邮　　编：100081	
责编电话：010 - 82000860 转 8343		责编邮箱：lhy734@126.com	
发行电话：010 - 82000860 转 8101/8102		发行传真：010 - 82000893/82005070/82000270	
印　　刷：北京中献拓方科技发展有限公司		经　　销：新华书店、各大网上书店及相关专业书店	
开　　本：880mm×1230mm　1/32		印　　张：7.5	
版　　次：2024 年 5 月第 1 版		印　　次：2024 年 5 月第 1 次印刷	
字　　数：152 千字		定　　价：68.00 元	

ISBN 978 - 7 - 5130 - 9364 - 4

目录

CONTENTS

第一章 引 言

一、研究背景

"在高度分化的社会中，组织的出现使人们得以完成单凭个人无法完成的事情，实现单凭个人无法实现的目标。"（Parsons，1960）组织是展开协调行动必不可少的工具，无论是在公共领域、私人领域、各种社会部门中，还是在产业领域中，组织都有可能出现，人们也希望被组织起来（Scott，2013）。组织研究自出现以来，长期关注内部活动与关系，对环境的重视是逐步发展而来的。到 20 世纪 70 年代，新制度理论兴起并快速发展，成为组织研究的主导理论框架，研究者开始关注文化与制度及其带来的规范性要素对组织的重要影响。关注文化与制度力量的新制度理论，为解释组织领域诸多基本问题提供了重要概念和思想基础。

新制度理论的早期研究者，如迈耶和罗恩（Meyer，Rowan，1977）、迪马吉奥和鲍威尔（DiMaggio，Powell，1983）、迈耶和斯科特（Meyer，Scott，1983），关注文化体系的理性化力量，分析文化体系对个人、组织和社会的建构过程，强调制度机制制约组织结构及其活动的各种方式。然而近年来，诸如迪马吉奥（DiMaggio，1988/1991）、奥利弗（Oliver，1991）、克里斯滕森等人（Christensen 等，1997）的研究，则日益关注个人和组织如何进行创新、策略行为选择及对变革制度的影响等问题。这个转变反映了在整个社会科学历史发展进程中的两个研究方向：一个强调行动面临结构性与文化性制约，另一个强调个体行动者在各种事件中发挥能动作用，这也是控制与自由这对古老矛盾的一个翻版（Scott，2013）。过去，很多理论研究都认为制度与文化的制约性与能动性是相互对立的观念，近年来，随着社会学理论的发展，更多的理论认为二者是相互联系、可以协调一致的过程，特别是吉登斯的结构化理论（Giddens，1979/1984），为研究自由与制约之间的相互作用提供了强有力的理论框架。这样，在制度理论研究领域逐渐形成一个共识：制度理论的主旨在于优先强调社会结构的持续性和制约性，但同样也关注个体行动者会采取行动来创造、维持和变革制度（Scott，2013）。

制度逻辑的概念，就是在这样的研究背景之下产生的，它强调制度与行为的互动关系，认为制度与文化不仅是对个体行为施加约束的规则，更是个体行为和社会演化的产物。
制度逻辑视角通过强调制度与行为的相互影响，推动了对制
度和行为关系更细致、更深入的研究。研究者提出了一种温
和且更复杂的文化体系建构观念，把个人、组织和社会作为
不同的社会层次进行分析，认为社会层次是"一种复杂的制
度间关系模式"，包括多重的价值领域，每个价值领域都与一
种独特的"制度逻辑"相联系。所谓制度逻辑，就是一套重
要的实际做法和符号性结构，并构成组织化原则，供组织和
个人利用和发挥。弗利兰德和阿尔弗德指出存在各种各样的
社会逻辑，如家庭逻辑强调成员的无条件忠诚，市场逻辑强
调竞争、成本—收入分析、经济指标的结果测量和考核
（Friedland，Alford，1991：248）。制度逻辑视角把有关文化和
认知的研究结合起来，将制度与文化如何塑造行动、行动者
借助文化资源产生差异化行为这两个方向进行了整合。制度
逻辑与文化在定义个人的态度和行为方面发挥着重要作用，
它们一方面限制了社会行为者的手段和目的（Besharov，
Smith，2014；Pache，Santos，2013），另一方面又建构了个体
行为者、组织和社会的行动，同时还塑造和创造了游戏规则
（Thornton，Ocasio，2008）。

　　研究也发现，处在不同社会结构中的行动者之间，其能
动性存在极大差异，并且，能动性本身也是社会与制度建构
的结果，组织和个体选择各种方式嵌入制度背景之中，并把
多重的制度化特征整合到自己组织边界之内由符号系统、关

系统、活动、人工器物构成的结构中。制度逻辑提供了一个影响个人偏好、组织利益以及满足这些偏好和利益的行动类别和行动形式的资源集合，使个人和组织的社会行动嵌入制度逻辑与文化之中。

我们从已有的研究成果能认识到，制度逻辑与文化，既是宏观的、社会层面的规范性要素，又能作为组织和个体产生能动性的资源性要素，对微观行动产生限制和能动两种作用。在这样的认识基础上，本书从制度逻辑与文化的视角对组织与个体行动的微观机制进行研究，期望能够在中国情境下进一步深化制度理论研究，丰富经验研究成果。

二、研究内容

聚焦制度逻辑与文化如何影响组织和个体的行动，本书由两个研究主题构成。

（一）研究主题一：制度逻辑影响组织的微观机制

已有研究总结了制度逻辑的五个基本原则和假设以及作用于组织和个体行为的不同机制，为解决制度理论所涉及的嵌入式能动、组织多样性、制度变迁、组织变革和制度研究的跨层次分析等问题提供了可能性（Thornton，Ocasio，2008；杜运周、尤树洋，2013），这对理论多元制度环境与组织多样化行为的关系研究起到了推动作用。制度逻辑为行动者面对相同制度环境采取不同的行动提供了认知依据，能够激活行动者在特定情境下的身份、目标和行动模式，并引起组织内个体注意力的聚焦，这些因素共同塑造了社会互动，产生了对制度环境的回应行动。

但不难发现，制度逻辑的现有研究，依赖对研究问题的简化来理解制度环境的复杂性，常以主导逻辑的更迭为视角进行研究，要想更进一步理解环境对行动者的影响机制，还有很多问题需要解释，如不同制度力量间的交互格局是否还存在未被解释的替代模式，组织对不同逻辑进行选择的内部依据是什么等问题。国内对于中国各类组织的制度响应的研究虽然已经起步，但知识积累明显不足。现有的理论构建和实证研究基本围绕西方发达国家的制度和文化展开，研究既需要吸收已有理论成果来开展实证工作，也需要结合中国制度环境特征来发展理论，用以指导本土情境中的实证研究。

因此，我们期望针对上述已有研究的不足，契合相应的研究发展方向，以制度逻辑为研究视角，以组织通过动员文化资源而回应制度复杂性的内部过程剖析为研究主线，分析与提炼组织对制度环境的能动与回应机制，在现有研究的基础上进一步探讨制度逻辑互动的多种模式，从而深化制度理论的现有研究。

博物馆作为承担文化资产保存、学术研究以及社会教育等职能的非营利机构，在知识生产、教育和创新方面可以视为社会进步的引擎，它们基于各种原因吸引了不同的受众。博物馆有着明显的特殊性，一方面有提供社会公共服务的公益性，另一方面有文创活动的商业性和学术研究的专业性。这些特征的形成源于不同制度环境的要求。以制度视角对博物馆组织的管理行动进行研究，有很好的理论适用性。故宫博物院作为一家国家级博物馆、重要的文化组织，自1925年成立以来，在不同时期发挥着重要的历史作用，在不同的制度环境及制度逻辑的影响下，一直在积极地采取行动进行组织结构的调整和优化，响应多种制度逻辑的要求。因此，本书选取故宫博物院作为研究对象进行案例研究。我们关注故宫博物院自新中国成立以来的组织结构调整过程，试图揭示其发生过程及影响机制，既要持有宏观研究的视角来关注外部环境提出的要求，又要借助中观与微观行动主体的理论视角研究故宫博物院作为组织行动主体的管理行动，研究的理论应该具有跨层次的特点。制度理论尤其是制度逻辑与文化视角，关注微观行动主体面对外部制度环境如何进行积极响应，既能反映宏观层次的复杂性，也能呈现中国与微观层面的特点，具有典型的跨层级研究特点，对于故宫博物院的管理行为也具有很好的解释力。现有制度理论的研究成果为我们提供了一些理论工具和思路，可以部分地解释这一现象，但到目前为止，尚未有相关研究深入其发生的内在机理和过程，因此还需要通过进一步的研究来加以挖掘。

鉴于此，本书以故宫博物院为个案研究对象，探讨中国情境下博物馆组织在多元制度环境下受哪些制度逻辑的影响，以及不同制度逻辑对组织结构塑造的影响机制。期望故宫博物院的案例研究，从理论视角加深对博物馆组织管理现实的理解，从而在新时代实现推进文化建设、推动中华优秀传统文化的创造性转化和创新性发展的要求之下，为文化产业和博物馆组织提升创新能力提供理论支持和指导。

（二）研究主题二：文化影响个体的微观机制

文化的概念是组织研究的核心（Giorgi 等，2015），无论是研究个人、组织，还是研究国家，学者都会援引文化来解释各种结果，解释行动者行为的差异不仅是偶然或个人性格的结果，而往往是由文化带来的。文化在组织研究中的中心地位，可以反映在自 20 世纪 70 年代以来研究文化主题文献的巨大增长中，这些文献从沙因（Schein，1985）关于公司文化的著作，直到最近对文化作为工具包的研究（Swidler，1986），文化可以表现为讲故事（Lounsbury，Glynn，2001）、身份构建（Ravasi，Schultz，2006）或价值观（Denison，Mishra，1995）等形式。近年来，文化研究经历了复兴（Weber，Dacin，2011），研究探讨了行动如何借助文化来发挥自身的优势（Lounsbury，Glynn，2001；Molinsky，2013），而不是简单地遵循价值观指令并被文化所主导（如 Glynn，Giorgi，2013）。随着研究者文化研究的发展，组织中的文化分析变得更加多样化，研究者以更广泛的理论视角为基础来研究文化。在早期，学者常常认为，文化仅仅是一种具有稳定和制约作用的系统，然而近年来，越来越多的研究强调文化也能够导致变迁，或能够使变迁成为可能，文化可以用来解释稳定时期组织化的、基础性的行动模式，同时在变革时期，文化更像行动者的"工具箱"，为行动者提供各种工具，"从这个工具箱中，行动者选择不同的零件来建构各自不同的行动路线"（Swidler，1986）。文化一词被用来表示各种现象，从一组指导和约束组织中人员的价值观（Schein，1985）到用于获取资源的故事（Lounsbury，Glynn，2001）或参与者可以混合的工具，文化被学者自由地界定，以满足他们的研究兴趣（McPherson，Sauder，2013）。此外，学者还对文化进行了不同层次的分析，从个人持有的文化资源（Molinsky，2013）到行业或专业层面的社会文化价值观（Maurer，Bansal，Crossan，2011）。文化研究的这种多元化状态，既表明了文化主题的重要性，也带来了挑战，学者试图理解和融合文化这个术语所包含的不同观点。

国内的文化研究领域，更多关注的依然是文化建构认知的作用，而对文化提供行动者文化资源与工具的研究还很有限，研究者多采用案例研究的方式对文化和价值观如何影响行动与绩效进行研究。在这个研究部分，我们试图从两个方面推进现有的文化研究：首先，在文化研究的两个理论视角进行总结的基础上，对将文化视为资源的观点进行理论建构；

其次，对文化作为微观行动的影响机制进行理论建构，并进一步进行实证检验。我们期望通过这两个研究来对文化影响微观行动的理论机制进行整合，以丰富文化研究的理论与实证成果。

第二章　多重制度逻辑与组织回应的微观机制

一、制度逻辑视角产生的基础

制度逻辑视角产生的基础是组织社会学分析中的新制度理论，这一领域开创性研究的代表是迈耶和罗恩（Meyer，Rowan，1977）、迪马吉奥和鲍威尔（DiMaggio，Powell，1983），他们共同关注的主题是组织趋同性问题。当时盛行的权变理论认为，因为每个企业所处的环境不同，所以其组织形式也不同。但是迈耶发现了一个完全相反的现象，即不同的组织会有相似的内部制度和结构。迈耶和罗恩（1977）从组织和环境的关系上去寻找答案，用合法化机制来解释趋同现象。他们认为，组织面对的环境有两种：技术环境和制度环境。技术环境要求组织从技术角度看待组织运行，也就是服从效率机制，组织结构与行为不仅是技术需要的产物，也受制度环境的制约与规范。所有的组织都既受到技术因素的影响，又受到制度因素的影响，但是其中某种因素对某些组织类型的影响可能更强烈一些。制度环境则是一个组织所处的法律制度、文化期待、社会规范、观念制度等被人们广泛接受的社会事实。制度环境要求组织内部的结构和制度服从合法性机制，即这些法律制度、文化期待、社会规范、观念制度或特定的组织形式成为被人们广泛接受的社会事实后，就成为规范人的行为的观念力量，能够诱使或迫使组织采纳与这种共享观念相符的组织结构和制度。迪马吉奥和鲍威尔区分了三种重要的机制——强制、模仿和规范机制，通过这些机制，制度的影响被扩散到整个组织场域。他们还强调，组织在结构上的同形（相似），既是竞争过程也是制度过程的重要结果。我们可以把迪马吉奥和鲍威尔的理论看成一个中层理论，其讲的是具体的、可操作的东西，并提出了一些可操作、可测量的概念（如模仿），因此推动了理论在实证研究中的应用。研究者把组织"场域"（field）或"部门"（sector）确定为一种新的分析层次，是制度过程的运行环境，这种分析层次特别适合于研究制度过程。

这样，组织分析的新制度主义逐渐形成，它强调文化和认知的过程、惯例和图式、合法化过程和正式结构的重要性，把制度视为组织环境中的现象和过程，从组织场域的层次来分析制度（DiMaggio，Powell，1991）。在开创研究的引领下，后来的学者进行了一系列拓展性的研究，用新制度理论来分析各种新问题和调查各种领域——包括从微观层次的制度化研究到各种全球化过程的研究。

新制度主义虽与结构联系密切，但缺乏对利益和能动性理论及微观基础的关注，过于强调无意识的认知以及忽略有意识的行动和能动性（DiMaggio，Powell，1991）。随后的新制度理论研究逐步认可了社会学和心理学中发展起来的认知与文化转向观点，把认知带到了制度分析的前沿，并在遵循这个方向的基础上产生了一系列丰富的成果（DiMaggio，2002）。

新制度理论也强调制度变化会引起组织变化，但缺乏一个微观基础去解释是什么因素推动了制度变化。面对组织多样性和多元制度环境的关系，新制度理论出现了新的解释视角。近年来，新制度领域内的研究已经将注意力从制度的同构作用，逐渐转移到制度和制度行动者之间的互动，并将能动性描绘成宏观制度力量与组织行为互动的机制（Ocasio，1997；Thornton，2004），研究人员越来越多地关注制度的微观基础（Powell，Colyvas，2008；Zilber，2008）。在弥合制度理论中的宏观与微观分歧方面，制度逻辑视角一直处于领先地位（Thornton，Ocasio，2008；Thornton 等，2012）。制度逻辑视角的一个核心假定认为，个体与组织的利益、身份、价值观与假设都嵌入盛行的制度逻辑（Thornton，Ocasio，2008）。这一假定使得制度逻辑视角既与那些强调结构凌驾于行动之上的宏观结构视角区分开来（DiMaggio，Powell，

1983），又与那些把制度与经济或技术割裂开来的帕森斯式（Parsons，1960）视角划清界限（Scott，Meyer，1994）。

二、多重制度逻辑理论的主要内容

（一）制度逻辑的内涵及发展

1. 制度逻辑的含义

制度逻辑的概念是由弗利兰德（Friedland）和阿尔弗德（Alford）引入组织研究中的，他们将社会概念化为由多种逻辑组成，每种逻辑都与"一套物质实践和符号结构"相关联（Friedland，Alford，1991），这些逻辑充当"理所当然的社会规定"（Battilana，Dorado，2010）或"影响行动者意义建构选择的参考框架、他们用来激励行动的词汇以及他们的自我意识和身份感"（Thornton 等，2012）。迈耶等人从更加广义的、宏大的世界体系层次，研究了文化体系的理性化力量，描述了文化体系创造个人、组织和民族—国家的建构过程。弗利兰德等人则提出了一种较为温和的与更加复杂的文化体系建构观（Friedland，Alford，1991）。

桑顿和奥卡西奥（Thornton，Ocasio，1999）整合了前人的观点，将制度逻辑定义为一种由社会建构的、关于文化象征和物质时间（包括假设、价值观和信念）的历史模式。正是通过这种模式，个体与组织为他们的日常活动赋予意义，组织时间和空间，并再现他们的生活和经验。这个概念整合了结构性、规范性和象征性，并认为它们是制度的三个必要且互补的维度。根据这一定义，影响认知和行为的制度逻辑在一定程度上是由外部社会形成的刺激所驱动的。因此，要理解制度是如何创造的以及它们是如何影响认知和行为的，就要了解制度如何独立地塑造个体和组织的利益，这就是制度的"外在性"（Thornton，Ocasio，2012）。社会不同层级的制度内容可以融入个体与组织的行为，这一过程将外部的社会意识和刺激与内部的心理认知相结合，包含构成多层级系统的多种基本要素（Wiley，1988）。这其中包含三个层级：相互竞争与谈判的个体、相互冲突与协调的组织以及相互矛盾与依赖的制度（Thornton，2009），多重制度系统为理解多层级的制度元理论提供了框架。

制度逻辑既有物质成分，也有文化成分或象征成分（Thornton，Ocasio，2008；Reay，Hinings，2009）。由于制度逻辑提供了规范框架，因而它会差异化地分配价值，从而影响个人和群体的物质环境。例如，市场逻辑会强调个人财富积累和收入差异，而宗教逻辑可能会偏向于节俭和个人慈善。但与此同时，认同过程是一种文化机制，行动者通过这种机制获得对特定逻辑符号的忠诚。

桑顿等（2012）对西方社会的国家逻辑、专业逻辑、市场逻辑的差异进行了解释，具体解释如表 2 - 1 所示。后续的研究中认为专业逻辑是指以协会为核心的专业内的制度和规则，国家逻辑在中国的研究场景中通常指的是社会主义（Jain，Sharma，2013），市场逻辑是"社会的主要原则"（Thornton，2004）。在市场逻辑下，利润最大化是一个适当的目标或者说是一个"战略基础"，指在该逻辑下基于具体行动的纯粹的成本和收益的功利主义观点，是文化上合适的行为模式（Thornton 等，2012）。市场逻辑更关注市场回报（Thornton，2001），即致力于增加公司的利益，也就是获得更高的利润、股价表现和市场声誉（Smets 等，2015）。市场逻辑的入侵是研究者比较喜欢的一个研究方向，也出现了很多研究成果，特别是市场逻辑在出版领域（Thornton，2002）、医学领域（Reay，Hinings，2009，2005；Scott 等，2000）、教育领域（Teelken，2015）、慈善领域（Hwang，Powell，2009）对专业逻辑的对抗。

表 2-1　国家逻辑、专业逻辑、市场逻辑的对比

类别	国家逻辑	专业逻辑	市场逻辑
根隐喻	国家作为再分配机制	专业作为关系网络	交易
合法性来源	民主参与	个人的专长	市场地位
权威性来源	官僚制的统治	专业协会	股东行动主义
身份来源	社会与经济阶层	与工艺品质的联系	无个性的
规范的基础	公民	行业和协会成员	自利
注意力的基础	利益集团的地位	专业中的地位	市场中的地位
战略的基础	提高社区利益	提高个人名誉	提高利润效率
非正式的控制机制	后台政治	有名望的专业人士	行业分析师

注：表格改编自 Thornton 等，2012。

总的来说，专业逻辑的特征是行业和协会的声誉与地位对行业话语权有重要的影响；资本主义市场逻辑的特征是人类活动积累和定价；官僚主义国家逻辑的特征则是通过法律和官僚等级制度来合理化和规范人类行为（Christensen，2019）。专业逻辑是从行业和协会的视角出发，以品质和名誉为主要原则，把专业作为主要手段，专业中的地位作为合法性来源。市场逻辑是从价格视角出发，以竞争和积累为主要原则，把市场机制作为主要手段，市场地位作为合法性来源；而国家逻辑是从等级视角出发，以科层制和合理化为主要原则，把规章制度作为手段，民主参与作为合法性来源。就博物馆而言，其非营利性和作为文化传播载体所代表的就是典型的国家逻辑，在这种逻辑中，其行为是通过权威和公民来调节的。文物保护和科研所代表的是典型的专业逻辑，其行为是通过行业、协会和故宫的影响力来调节的。交易和盈利则是典型的市场逻辑，其影响力通过利润最大化和市场占有率来体现。

2. 制度逻辑的核心特征

制度逻辑理论的第一个特征是，社会被理解为一个制度间系统，理论上由不同的规范结构组成，每个规范结构都有自己的逻辑。已有研究提供了一组不太具体但包容性很强的制度系统：市场、国家、社区、家庭、宗教、职业和公司。每个系统都有自己的逻辑或合理性："社会建构的文化符号和物质实践、假设、价值观和信仰的历史模式，个体通过这些模式生产和再生产他的物质生活，组织时间和空间，并为他的日常活动提供意义。"（Thornton 等，2012）这些不同的制度秩序可以通过其独特的和代表性的合法性、权威和身份来源等特征加以区别，这样使制度分析的注意力集中在制度秩序、处于不同制度秩序中的组织以及这些组织内个体之间的关系上。

　　制度逻辑理论的第二个特征是，行动者的能动性是通过多元逻辑实现的。组织社会学文献（如 Kraatz，Block，2008；Dunn，Jones，2010；Sanders，McClellan，2014）和非营利性研究（如 Mullins，2006；Binder，2007；Pache，Santos，2013）越来越认识到组织和个人的逻辑的多样性。微观层面的行动者的能动性影响组织内管理和解决逻辑的方式，进而影响其在社会层面的构建。因此，在这一视角下，制度中、组织中的参与者的能动性一方面被普遍的制度逻辑激活，另一方面又受到其限制，并且他们通过调整组织形式进行创造性反应，以便更好地适应复杂的制度环境（Pratt，Foreman，2000；Kraatz，Block，2008）。

　　行动者在理解制度逻辑的规范期望与他们所处的组织环境之间的关系时发挥能动性，因此，制度逻辑理论的第三个特征是，作为社会实体的组织是不同逻辑与行动者能动性相互作用的媒介。组织是在特定背景下动员集体努力的一种方式，因此它在其成员或利益相关者的身份、话语和规范框架方面表达制度逻辑提供了焦点（Meyer，Hammerschmid，2006）。

事实上，学者用来识别制度逻辑的方法之一是归纳分析行动者产生的个人身份的文本和表达。有关混合组织的研究在这个基础上产生，混合组织研究关注一个组织实体内多种制度逻辑之间的不同解决方案。

制度逻辑理论的第四个特征是，制度逻辑既有物质成分，也有文化成分或象征成分（Thornton，Ocasio，2008；Reay，Hinings，2009）。由于制度逻辑提供了规范框架，因此它会差异化地分配价值，从而影响个人和群体的物质环境。例如，市场逻辑会强调个人财富积累和收入差异，而专业逻辑可能强调专业能力与认可。但与此同时，身份机制也是一种文化机制，行动者通过这种机制获得对特定逻辑符号的忠诚。

制度逻辑理论的第五个特征是，制度逻辑理论强调历史偶然性（Friedland，Alford，1991）。逻辑的主导类型、它在组织形式中的表现、它为能动性提供的空间以及它的物质和象征方面都受到特定的空间和时间环境的影响，因此弗利兰德和阿尔弗德关于历史偶然性的理论主张在历史上很重要。

3. 制度逻辑视角的研究发展

制度逻辑视角尽管也遵从新制度理论的观点，强调文化过程的重要性以及行为者及其行为的构成性（Lounsbury，Wang，2020），但对文化的关注更多地采用实践理论方法（Bourdieu，1998；Lizardo，Strand，2010；Swidler，1986），通过关注文化的象征性如何与实践和其他物质安排交织在一起，从而超越了对规范和价值观的传统理解。在此过程中，制度逻辑视角促进了制度分析关注同构性的转变，为制度异质性研究提供了一种新颖的实践理论方法，将注意力集中在逻辑之间的张力和冲突如何为制度变化和变革提供关键动力上。

在不同的制度逻辑背景下，组织与个体会产生不同的实践和理解，因此制度逻辑提供了多种形式的理性，也有助于解释异质性的原因。制度逻辑通过提供如此强大而独特的制度分析方法，使其追随者、知名度和学术生成力显著增长（Ocasio等，2017）。制度逻辑研究现已从社会学和管理学扩展到政治学、公共管理学和经济学等学科。此外，其还对各种商业和公共环境以及各种主题进行了大量实证研究，包括技术创新（Murray，2010）、市场建设（Hedberg，Lounsbury，2021；Mair等，2012）、企业治理（Chung，Luo，2008）、企业社会责任（Yan，2019）和可持续发展（York等，2018）的相关研究成果已经积累起来。

文献中存在一种将逻辑视为具体化对象或事物的趋势——这种看法植根于理想类型的相关研究（如 Thornton，Ocasio，2012），这就产生了一种误导性的印象，认为逻辑是稳定的、既定的，而不是充满活力的、展开的和偶然的。这是由于很多研究倾向于将逻辑作为解释工具，而不是将逻辑本身作为复杂现象来进行研究（Furnari，2019；Ocasio，Gai，2020；Ocasio等，2020；Quattrone，2015；Toubiana，2020）。未来，制度逻辑相关研究将更深入探索价值观的作用、实践的中心性和治理动态的相关研究机会，将逻辑研究与社会学子领域的各种理论对话联系起来，从而带来更多的发展机会（Lounsbury 等，2021）。

（二）多重制度逻辑与制度复杂性

组织领域的特点是制度的复杂性，包括多种逻辑，而不是由单一逻辑主导（Greenwood 等，2011）。弗利兰德和阿尔弗德认为西方社会是由"资本主义市场，官僚国家，民主，核心家庭和宗教"等多种制度体系共同组成的"制度间的系统"（Friedland，Alford，1991），并强调每一个体系都与一个独特的"制度逻辑"相关联。这些多重逻辑可能是竞争的，但它们的关系也可能是合作的、正交的或模糊的（Goodrick，Reay，2011；Waldorff 等，2013）。当组织面对来自多种制度逻辑不相容的要求时，他们就面对制度复杂性（Greenwood等，2011；Raynard，2016）。斯科特（1994）指出，不同制度逻辑的内容往往存在不同，而且在渗透力或深入程度方面也存在不同。从这个意义上说，社会是由"相互依存但又相互矛盾"的多重制度逻辑构成的。这一定义有两层含义：首先，多种制度逻辑在社会领域中广泛存在，并在影响实践的过程中发生交互或竞争（Nigam，Ocasio，2010）；其次，逻辑经常处于冲突之中，也就是说，它们各自的意义系统和规范性的理解，被建立在仪式和实践之中，往往提出了不一致的期望。

一个制度环境中并存的制度逻辑数量越多，组织行动需要同时满足的制度要求数量越多，也就面临更高的复杂性（Goodrick，Reay，2011）。制度研究者对制度环境的认识经历了聚焦于主导逻辑及其变迁（Thornton，2004）到更关注制度复杂性转变，着眼于讨论多重逻辑共存导致的制度复杂性的具体表现的过程。

尽管早期定义已经明确指出多重逻辑并存的含义，但在之后的大量研究中大多隐含着"稳定的场域中往往存在唯一的主导逻辑"这样的认识或假设（Greenwood 等，2011），因此涉及多重制度逻辑交互的研究主要聚焦于逻辑间的竞争以及竞争导致的逻辑主导权变化。这种视角将逻辑间的竞争与冲突视为一个短暂的不稳定过程，并往往是引发制度变迁且导致行动者行为模式变化的直接诱因。这类研究的认识基础是组织场域内（由于其特定的制度逻辑组合）包括有限的几种组织框架，而这些组织框架又只包括一套有限的、由文化界定的手段（Swidler，1986），并认为制度环境的作用是为组织的建立（包括组织结构的设计，以及组织策略或行动程序的形成等）提供明确的模式，限制行动者选择（甚至是考虑）其他替代性的模式，为组织依据制度规则所选择的活动提供资源支持，并使这种活动更可能得到理解、接受和更具合法性（Scott，2013）。这类研究明确提及了制度逻辑对历史阶段特征的依赖性，即一个特定场域中的主导逻辑在不同时期会发生变化，从而导致各阶段出现不同的组织行动和组织结构。

例如，桑顿的研究分析了美国高等教育出版业内"市场逻辑"对"编辑逻辑"的取代过程，以及出版社群体在组织结构和经营战略层面进行的相应调整（Thornton，2004；Thornton，Ocasio，1999）。斯科特等人对美国医疗组织在自身认同和战略选择方面的转变过程的研究表明，这一过程是由医疗保健部门的主导逻辑从职业医生逐步转变为政府和市场引发的（Scott等，2000）。也有学者指出不同制度逻辑对场域（及其内部组织）的影响广度或水平联系的程度也存在差异性（Krasner，1988）。

近年来的研究认识到，多重逻辑并存可能是常态，强调组织领域往往存在多重的合法模式甚至相互竞争的制度逻辑，而不是对行动者施加单一的影响，而复杂的制度基础和不同的制度压力会引发不同形式的组织反馈（Greenwood 等，2010；Hoffman，2001；Lounsbury，2007）。这一认识引发了对多重制度逻辑并存形态及互动过程的重新认识。多重制度逻辑并存可能是制度环境的常态，这一点已经为越来越多的学者所重视和证实。现有研究认为多重逻辑的并存和冲突大致会有三种结果：一是不同逻辑间会发生"主导地位"的竞争。经过竞争和冲突，逻辑间的力量对比发生变化，导致主导地位的更替（shifting），如影响行业中各个企业 CEO 行为方式的主导逻辑变化（Westphal，Zajac，1993），高教出版业中市场逻辑替代编辑逻辑对组织的影响（Thornton，2004），场域主导逻辑变化带来的治理方式变化（Scott 等，2000），以及主导逻辑变化给美国加州金融机构造成的组织模式转变（Haveman，Rao，1997）等。二是不同逻辑间通过调适划定各自的势力范围相互补充或并立，形成动态平衡的格局。例如，劳恩斯伯里对两个城市小额金融组织模式的研究发现，不同的模式在不同区域同时存在（Lounsbury，2007）。三是引入或创造能够整合多种逻辑的新逻辑，以达到新的平衡状态，如格林伍德等对美国五大会计师事务所业务拓展过程中的制度创业引发的行业制度变迁的研究（Greenwood，Suddaby，2006）。

鉴于制度逻辑的含义并不固定，多种逻辑之间的关系可能会受到个别制度行为者的解释（McPherson，Sauder，2013）。制度参与者可以采取竞争逻辑共存的策略（Purdy，Gray，2009；Reay，Hinings，2009），将遵循矛盾或竞争逻辑的人、实践或受众分开（Greenwood，Suddaby，2006），但这可能会进一步带来挑战。在这种情况下，制度复杂性是永久性的，必须持续管理（Greenwood 等，2011；Zilber，2011），需要个体主体的管理活动在逻辑之间取得适当的平衡（Battilana，Dorado，2010）。在竞争激烈和竞争不激烈的情况下，制定不同逻辑的行动者需要认识到逻辑之间的相互依赖性，并根据自己的逻辑适应其他人的立场（Jarzabkowski 等，2009）。当逻辑是合作或模糊状态时，组织可能会受益，因此他们利用逻辑之间的相互依赖，而不仅是解决因逻辑之间紧张而产生的问题（Greenwood 等，2011）。特别是，随着时间的推移，参与者可能会产生更多的能动行为来（重新）解释和混合逻辑

（Glynn，Lounsbury，2005；Thornton 等，2005）。事实上，强化一种逻辑甚至可能会强化另一种逻辑（Reay 等，2014）。然而，当制度逻辑不明确或有争议时，这就会变得具有挑战性。因此，为了充分理解制度变革或维持的动因，我们需要研究制度逻辑的解释方式。

第一个假设是，一旦市场出现，它将沿着特定的轨迹前进。例如，产业生命周期观点的中心原则是产品市场和产业在最初的创新和新产品推出之后将依次经历不同的阶段（Klepper，1997）。然而，一些新兴市场，如上面讨论的那些，甚至在达到增长阶段之前就经历了剧烈的震荡，更不用说不遵循程式化阶段了。此外，新制度理论使用合法化的概念解释了市场的出现和制度化，创新的最初采用和传播促进了其合法性和制度化（Tolbert，Zucker，1983）。然而，对于为什么一些市场在最初的合法化之后未能完全制度化和稳定，制度的观点是沉默的。第二个假设则更具体地适用于文化和制度创业的文献，它假设新兴市场或行业通常由少数领先的企业家或行为者主导，他们有权制定议程并修复新兴领域的合法性危机。这是可以理解的，因为这些文献明确的重点是文化企业家如何不仅使他们自己的企业合法化，而且使整个领域或新市场合法化（Lounsbury，Glynn，2019）。

三、组织面向多重制度逻辑的回应策略

虽然制度逻辑被视为一种宏观理论，用于解释实地层面的逻辑如何影响组织和社会行为者之间的动态，但目前学者越来越关注组织内能动性行动主体和制度之间复杂而相互影响的关系（McPherson，Sauder，2013）。制度逻辑学者的工作强调了制度矛盾如何为行为者提供能动和制度变革的机会和限制，他们的工作对制度理论微观层面的构建提供了重要的见解（Powell，Colyvas，2008；McPherson，Sauder，2013）。当个体和组织处于多重制度系统时，多重制度系统中的每项制度秩序都展现独特的组织原则、实践和象征，进而影响个体与组织的行为。了解组织或个体如何应对这种情况很重要，不仅因为符合制度要求可以带来合法性和帮助生存，还因为解决当今复杂的社会问题需要以创新和协同的方式"借鉴多重制度逻辑"的组织设计（Jay，2013）。

（一）组织如何应对环境的复杂性

组织通常对制度环境的要求有数种反应，尤其是应对冲突性的环境规定，不同的组织会产生不同的策略。克拉兹等（Kraatz，Block，2008：251）对组织的反应进行了经典的分类，包括：其一，试图消除或者弱化制度环境对组织的要求；

其二，使用不同的、松散组合的亚单元来对不同的制度环境要求加以区别对待，分别应对此种或彼种要求，或者排出个轻重缓急；其三，对各种要求进行"平衡"，并使它们之间相互角力，以从中获利；其四，奉行一种混合的或组合的模式，"编造自己的双重身份"，使组织以环境中制度的面目出现。他们的研究是建立在塞尔兹尼克的观点基础上的，塞尔兹尼克认为，有些组织在适当领导者的领导之下，会围绕一种独特价值承诺而打造自己的身份。他的研究还探讨了寻求合法性的组织所面临的问题，即组织如何满足外部支持者不断变化的需要，同时又维持对组织核心价值观的承诺，这种核心价值观绑架了组织自己的历史（Selznick，1992）。

环境的因素或力量，不仅通过促进组织采取行动来重新设计组织的结构特征而导致变迁，还通过形塑组织及其参与者的身份而导致变迁。有些组织成功地编造了一种被承认的身份，并以此来引导内部成员与外部支持者的行为。组织身份强调的是一个组织区别于其所属同一组织种群中其他组织的特征，与影响组织内部的策略偏好以及所有可能的反应策略（Albert，Whetten，1985；Dutton，Dukerich，1991；Greenwood 等，2011；King，Clemens，Fry，2011）。环境因素也会通过向形形色色的组织参与者引入新的身份，或者改变组织现有成员的身份，对组织产生影响（Glynn，2008）。例如，霍夫曼（Hoffman，1997）发现环保运动对石化产业组织的变化产生了重要影响，这些能源公司先是雇用环境工程师，后

又让这些工程师参与决策过程。格林伍德等（Greenwood,
Hinings，1996）指出，制度变迁的重要内容就是环境的力量
或因素影响组织内部的权力过程，一些新的行动者会进入权
力过程，而一些既有的拥有权力的行动者被排除在权力过程
之外，或者通过改变自己的情况而被赋予新的权力。

卡罗尔·海默与丽莎·史达芬的研究，提出了理解相互
矛盾的环境要求对组织的影响的另一种研究视角（Heimer,
1999；Heimer，Staffen，1998）。他们对美国伊利诺伊州两所
医学院新生儿重症监护病房的决策进行了深入的定性研究,
巧妙地把制度主义与决策理论结合起来。他们关注的是，在
父母被贴上"好的"或"合适"标签的家庭中，医疗提供者、
政府管理者和私人律师等法律机构这三种制度层面之间的冲
突。他们最后发现，这些制度系统通过影响一般规则与程序、
通过形塑影响决策的那些要素、通过影响决策过程参与者的
利益与相对权力来对组织的决策产生影响。

（二）组织结构对多重制度要求的回应

已有研究认为，组织在结构上应对不同制度要求的方式
主要有两种：混合或区隔。混合模式即将包含不同制度要求
的组织功能（如"开发"和"探索"）放在同一个组织单元
内部；区隔模式则相反，是将适用不同制度要求的组织功能
划入不同组织单元。

采用混合模式的组织，在同一个组织单元内部整合、安排来自不同逻辑的实践活动，优点是有助于组织层次整体目标的强调和协调一致，并有可能兼顾不同制度资源的优势，因而获得较好的绩效（Pache，Santos，2010；Rao 等，2003）。以区隔模式应对不同制度要求的方式也相当常见，这种情况下的组织将遵循不同制度要求的功能分置于不同组织单元。区隔模式常见于"探索"型功能或业务拓展中，如美国会计师事务所最初将审计与财务顾问业务部门分立的尝试（Greenwood，Suddaby，2006）。

然而，有学者对通过结构设计应对不同制度要求的可能性和效果提出质疑，认为得出上述结论是基于组织能够有意识地设计其结构以回应制度压力，而忽略了制度视角的最初观点：组织无意识地回应"理所当然"的实践方式。事实上有研究表明，将组织内部人员依照不同制度要求进行区隔安排以获得不同制度资源的支持，往往出现在保守的、分化的组织中（Greenwood 等，2011）。也有研究证明，实践中在同一组织单元内部兼容不同规则非常困难，特别是在成熟的组织中增加新的功能。巴蒂拉纳和多拉多比较了两个小型银行基于不同逻辑的组织安排，认为成功的组织主要得益于其人员聘用策略，通过招募零背景的人员降低了不同制度要求可能造成的冲突，而在成熟组织中进行不同逻辑的混合安排非常困难（Battilana，Dorado，2010）。实践中，大量组织中存在不同逻辑的杂糅和整合，然而在组织内部结构设计上不论采取哪种模式，都不能回避组织整体层次上的目标追求和绩效评价。内部结构上过度强调对不同制度要求的区隔，很可能造成难以保障组织整体运行及绩效整合结果的问题（Greenwood 等，2011）。组织结构上的策略选择及其效果受组织身份特征、领导力特征等多种因素影响。强大的、积极的组织身份有助于调和不同制度要求造成的张力（Battilana，Dorado，2010），具有"双元能力"的领导，能够充分理解不同的制度逻辑，有权威建立应对多重要求的体系，并能有效沟通以消除外部质疑，降低内部抵制（Pratt，Kraatz，2009）。

然而，组织通过结构上的安排是强化、固化了不同逻辑导致的复杂性，并通过长期运行使其（制度竞争）在组织内部得到调和，还是存在持续的张力、争议和调整（Hallett，2010）？成功组织的经验能否得到扩散？是否有的组织（如地位高的）实践更易对场域制度结构产生影响？这些问题都有待解释。从制度本身的分层嵌套性质来看，组织身份形成过程与场域制度身份的关系如何形塑制度复杂性及组织回应方式，以及如何影响组织策略的实施结果（Zuckerman，1999），也是需要研究者关注的重要问题。

（三）组织战略对制度逻辑的回应

从战略视角对组织如何回应不同制度要求的研究主要关注

的是，组织是否及在多大程度上回应了场域层次相关群体对其的要求，以及上述行动决策是如何形成的（Greenwood 等，2011；Oliver，1991）。行动中面临相互竞争的制度模式，可能为组织实施一定程度的战略选择创造了空间（Clemens，Cook，1999；Dorado，2005；Friedland，Alford，1991）。基于这个认识，一些研究试图找出描绘组织应对多重冲突的制度要求的策略模型。

奥利弗从资源依赖视角提出了组织应对制度要求的战略回应模型，在不同情境下，组织对制度要求可能采取默从、妥协、回避、挑战或操纵策略（Oliver，1991）。这个模型将制度理论与资源依赖理论视角相结合，指出组织面对制度要求可能存在多种策略选择，而不只是单纯顺从。但随着对制度环境复杂性认识的发展，这一模型在讨论组织如何应对相互冲突的多种制度要求时明显缺乏解释力。克拉茨等提出了组织面对"多元制度要求"的四种主要策略：尝试消除冲突性制度要求的来源；将不同制度要求相区隔并分别处理；尝试主动整合平衡不同要求；建立一个新的体制秩序（以兼容不同要求）（Kraatz 等，2008）。"脱耦"是回避策略的一种特殊形式，被认为是组织面对复杂制度要求的常见策略之一（Lyon，Maxwell，2011）。正如汉密尔顿和焦亚的研究中所展示的，美国石油行业（如 BP）通过在企业标示、形象等外在视觉层面的"刷绿"（greenwashing），使企业的公众形象与"绿色"的环境保护要求相联系，以在一定程度上缓解制度压力（Hamilton，Gioia，2009）。但是现有研究也指出，脱耦行为一方面效果存疑，并不一定能够有效、长期地保护组织免于合法性惩罚（Elsbach，Sutton，1992），另一方面可能会造成组织内部张力增加，因而难以长期稳定地维系（Boxenbaum，Jonsson，2008；Hernes，2005）。观察现实发现，并非所有脱耦都是经过精心设计的策略，有些脱耦行为只是应激反应的结果，而一些情景下形式最终影响了内涵，脱耦行为对相关组织的身份产生了意料之外的影响，甚至最终导致组织变革（Hamilton，Gioia，2009）。但现有研究对这一过程何以发生以及如何发生的，还缺乏足够的基于实践观察的讨论和总结。

前述研究有一个共同前提，就是将组织视作单一的行动者来讨论其对外部压力作出的反应，这一前提忽略了组织内部动力在过滤和解决制度要求冲突中的作用（Greenwood，Hinings，1996）。帕什和桑托斯聚焦于微观层面，通过探究组织决策的内部过程，试图理解组织内的参与者如何体验、评估和管理相互冲突或竞争的制度要求，并从组织内部动力学的角度提出组织选择特定应对策略的条件，认为冲突的性质（无论目标还是手段）及冲突的组织内代表（一方或多方来自组织内）影响组织回应模式选择及不同选择可能导致的结果。组织战略决策的结果在一定程度上反映了某种逻辑是否对其产生影响，而战略决策过程中对不同逻辑要求采纳的取舍和排序，则反映了不同逻辑对该组织影响强度的差异，在组织内则反映为代表各种逻辑的团体间的力量对比（Pache，Santos，2010）。例如，海默通过比较医疗方案中不同参与者（医生、患者亲属等）的作用指出，具体逻辑在组织内代表者的政治地位以及其参与决策的形式，是决定逻辑对组织战略决策影响力的两个重要因素（Heimer，1999）。

战略视角关注于解释为什么组织在某个特定时点选择了特定的战略以回应制度冲突，深入微观层次（组织内部）观察战略决策形成过程的研究还较少。随着时间的推移，组织策略也可能发生动态调整，这一过程及其驱动机制正逐步成为近期研究关注和试图解决的问题。

第三章 制度逻辑影响组织结构的机制研究：基于故宫博物院的案例研究

一、背景：故宫博物院所处的制度环境

（一）故宫博物院简介

故宫是明清两代皇帝的宫廷居所和处理政务的要地，与英国的白金汉宫、美国的白宫、俄罗斯的克里姆林宫以及法国的凡尔赛宫并称世界五大宫，而故宫博物院则是在其基础上建立而成的中国国家级博物馆，成立于1925年。故宫博物院是承担收藏保管、陈列展览、学术研究和为公众提供社会教育与审美情趣等责任的现代博物馆。故宫博物院具有以下身份特征。

1. 是一座综合博物馆

1925 年故宫博物院的成立，将昔日帝王居所的紫禁城变成了普通民众自由参观的场所，将帝王独享的代表中华民族智慧的艺术结晶变成全民族共同拥有的财富，是中国博物馆事业走上正轨的开端。紫禁城是故宫博物院独一无二的博物馆空间格局，故宫博物院的陈列展览从建院之始就独具特色，即从故宫博物院的皇宫建筑和文物藏品出发，确定了宫廷原状与历史艺术的陈列体系。通过不断改进与发展，其形成了包括宫廷原状陈列、固定专题展馆和临时专题展览在内的完整展览体系，成为世界著名的综合博物馆。

故宫博物院保管着明清时代遗留下来的皇家宫殿和旧藏珍宝，而且通过国家调拨、向社会征集和接受私人捐赠等方式，极大地丰富了文物藏品，形成古书画、古器物、宫廷文物、书籍档案等专业领域，拥有世界上保存数量最多、价值最高的中国文物藏品。经过全面系统的普查整理，故宫博物院的文物藏品数量约为 1863404 件（套），其中珍贵文物达168 万余件（套），占院藏文物总数的 93.2%，占全国国有馆藏珍贵文物的 41.98%，可以说是一部浓缩的 5000 年中华文明史。

故宫博物院的文物藏品不仅数量大，品类丰富，而且具有很高的历史、艺术及科学价值。例如，在书画方面，除收藏有大量中国早期著名书画作品外，故宫博物院收藏的明清绘画数量最大、精品也最多，不仅有各大画派的大批代表作品，还有不少地方画派的作品，对于系统研究明清画史有极大的价值。数量庞大的清代陶瓷、玉器、家具、漆器、雕塑、玻璃等器物类、工艺类文物，是研究清代社会经济、生产力和工艺技术发展水平的重要实证。由车马轿舆、中和韶乐、品级山等组成的典制礼乐类文物，是研究清代政治礼仪制度不可或缺的重要实证。3.3万余件武备类文物，则是研究清代武备状况、军事技术发展水平的重要实证。大量的各民族文物，则全面记载着统一多民族国家形成的真实历史，成为中华民族共有的最宝贵的文化遗产。故宫博物院还保留着大量明代以来世界许多国家流传到中国的工艺品、科学仪器、艺术作品，丰富多彩，是中国与世界各国友好交往最直接的证物。

　　故宫博物院是中国文化遗产的守护者与传承者，作为国家级艺术博物馆，也是中国文化对外交往的一张亮丽名片。中华民族绵延不断的历史文化，在故宫博物院的各类文物藏品里，均能得到印证。故宫博物院有丰富的文物收藏，这些文物所体现的是中国古代艺术的最高水平。例如，建筑艺术体现了中国传统砖木结构的鲜明特点，完全不同于西方的砖石结构建筑；绘画艺术往往表现人们的内心世界而具有民族特色，不同于西方的油画；书法艺术作为深奥的艺术形式，在全世界独一无二；瓷器、珐琅器等制造技术，玉雕、木雕、石雕等雕刻艺术，体现了东方文化的审美特点；戏剧和音乐文物也都展现出很高的民族文化艺术境界。

故宫博物院作为一家综合博物馆，是中国优秀传统历史文化的重要展示窗口，其近百年的发展历程也对中国博物馆事业的发展产生了深远的影响并为之提供了宝贵的经验。

2. 是一座遗址性博物馆

相对于其他博物馆来说，故宫博物院是基于皇家宫殿建筑群建立的博物馆。宏大的紫禁城建筑既是故宫博物院珍贵的不可移动文物，也是故宫博物院的守护职责所在，更让故宫博物院具有特殊的身份，因此区别于其他博物馆。

故宫博物院自建院以来就在积极努力做好古建筑的修缮。中华人民共和国成立后，在人民政府的高度重视下，故宫博物院对古建筑的保护工作全面展开。国家先后拨出 2000 多万元专款，修缮、保养年久失修的殿宇，故宫博物院按照"着重保养、重点修缮；全面规划，逐步实施"的保护修缮方针，1953 年组建了专门的古建筑维修队伍进行故宫的古建筑修缮工作，并逐渐摸索出一套适合故宫古建筑的修缮程序、技术和经验。古建筑维修队在成立初的 10 年间完成了 430 多项工程，使故宫 16 万平方米的古建筑大都得到了不同规模的修缮。1961 年，故宫被列入第一批全国重点文物保护单位。20 世纪 70 年代，故宫博物院又修缮了中轴线前三殿，并对后三宫等殿宇进行油饰，使重点区域建筑面貌有所改观。为了减少锅炉以防止火灾，1972 年李先念副总理批准拨专款 1460 万元，在紫禁城内引进了暖气管道，部分陈列厅室在冬季可以供暖。1974 年，国务院批准了《故宫博物院五年古建修缮规划》，对午门雁翅楼、东南角楼、皇极殿、后三宫、钟粹宫、景仁宫等多处建筑进行修缮和油饰，故宫的建筑风貌有了更进一步的改观。20 世纪 80 年代，故宫博物院又对三大殿、后三宫、午门、东华门、四隅角楼等进行了重点修缮。1987 年，故宫被列入世界文化遗产名录。进入 21 世纪后，随着对故宫整体保护认识的加深，故宫博物院先后立项了两项工程：一是 2002 年正式启动、历时 18 年的"故宫整体修缮保护工程"，这是故宫百年来最大规模的古建筑修缮工程，配合保护修缮工程，2003 年故宫博物院编制完成《故宫保护总体规划大纲》。此工程的目的是：保护故宫整体布局，彻底整治故宫内外环境，保护故宫文物建筑，系统改善和配置基础设施，合理安排文物建筑的使用功能，提高文物展陈艺术品位与改善文物展陈环境。该工程分三期逐步推进，到 2020 年将全面完成古建筑内外环境整治和整体保护工作。故宫维修的实践与探索丰富了关于东亚木结构国际文化遗产保护的理论，并进一步将实践经验上升为理论成果。在此基础上，2014 年故宫博物院成立了明清官式建筑保护研究国家文物局重点科研基地，以传承中国官式古建筑营造技艺，进一步推动从"古建筑修缮工程"向"研究性保护项目"的转换。目前，故宫古建筑修缮形成了以"研究性保护项目"为主导，努力实现以"研究性、预防性"保护为主的科学保护维修体系。二是

2013 年启动、历时 8 年的"平安故宫"工程。建立在"故宫整体修缮保护工程"成功实践的基础上,"平安故宫"工程是一个更为宏观的保护工程体系,旨在进一步解决故宫存在的火灾隐患、盗窃隐患、震灾隐患、藏品自然损坏隐患、文物库房隐患、基础设施隐患、观众安全隐患等重大安全问题,同时明确了北院区建设、地库改造工程、基础设施改造工程、世界文化遗产监测项目、故宫安全防范新系统、院藏文物防震项目、院藏文物抢救性科技修复保护七个子项目。

3. 是一处著名的旅游景点

故宫博物院的原状古建筑、馆藏文物、展览种类、展示规模及其文化内涵在全国均首屈一指。故宫博物院既是国家级重点文物保护单位,又是对外开放的旅游接待单位,身兼文物管理和服务观众等职能。其公共服务等标准、能力、质量和水平影响着行业发展,是引导行业优质服务的风向标,对国家形象、政府满意度和市场影响力有着重大影响。

故宫博物院拥有世界博物馆领域数量最为庞大、结构最为复杂的观众群体。2002 年,故宫博物院的观众数量是700 万人,当时世界上观众数量最多的博物馆是法国卢浮宫博物馆;2012 年故宫的观众增长了一倍,达到 1500 多万人,成为世界上唯一观众数量超过 1000 万人的博物馆,在 2012 年 10 月 2 日,单日参观人数达 18.2 万人,是故宫博物院历史上参观人数最多的一天。进入故宫的观众有一个显著特点,就是关注皇帝曾经工作过、生活过的地方，很多参观故宫的人都认为自己走进的仅仅是一个旅游景点，而没感觉到走进的是一座博物馆（单霁翔，2016）。

近年来，故宫博物院在有效服务观众方面有很多创新行动，也得到了公众的高度认可。首先，管理层把握了一个基本的方向，要实现从故宫走向故宫博物院，就是让参观者实现从"游客"到"观众"的转变。而想实现这个目标，就要多办展览、办好展览，通过这个方式让参观故宫的观众将更多时间停留在看展上，通过展品展示来保障博物馆展示文化的基本功能。其次，通过合理配置参观时间、调整参观指导、采取适当分流与限流等多举措并行，削峰填谷，缓解巨量游客带来的管理压力。最后，故宫博物院不断采用多种方式来改善游览环境，从微观的服务细节到整体服务的精细管理，为观众提供更多样化、立体化的参观体验，同时将更多带有故宫元素的文化气息和人文色彩融入整体的环境之中。在历史发展的新阶段，面对不断增长的观众量和观众日益多样化的文化需求，故宫博物院需要采用更多创新的方式来提升观众的参观感受。

（二）博物馆场域的制度环境特点

组织场域主要是指"那些由组织建构的、总体上获得认可的一种制度生活领域"（DiMaggio，Powell，1983）或"一种具有普遍意义系统的组织共同体；相比较外部行动者，内部成员之间存在更为频繁和密切的互动"（Scott，2010）。这一概念主要为制度和组织研究提供了一种中介场所，即组织场域提供了一种特殊的情境，在这个情境中，制度逻辑的相互作用体现了承载这些制度逻辑的行动者的不同实践。组织场域概念来源于布迪厄的场域概念，布迪厄认为场域是指某一社会或文化在生产领域中各种参与者的总和以及它们之间的动态关系，并且其所指的场域并不是一种和谐、稳定的社会区域，而是充满了冲突和矛盾，场域中的所有参与者为了获取和扩大自身的利益而不断进行斗争，在斗争中，一些参与者可以采用相关的规则对其他利益相关者施加影响。制度环境是指一系列政治、经济、社会和法律等基础规则的总和，既包括自发形成的市场环境，也包括政府政策环境，其为经济社会的生产、交换、分配等活动提供基础准则。制度环境为社会行为提供了意义和稳定性，通过各种规制性规则、规范性守则和社会期望塑造并约束组织行为，同时组织也能创造性、策略性地应对制度环境的影响，甚至影响和建构制度环境（Scott，2010）。制度环境中的冲突会形成不同的组织结构和组织实践，从制度理论视角去理解故宫博物院组织结构的发展过程，需要对其面临的制度环境特点进行分析。

根据《中国文物年鉴（2015）》，截至 2014 年底，文物部门所属的博物馆、博物馆从业人员、藏品数、参观人数分别占全国总数的 78.68%、83.42%、78.75%、82.53%。截至

2016 年底，全国国家三级以上博物馆有 725 个，其中非国有博物馆仅有 11 个。文物部门的博物馆无论是数量还是质量，均以压倒性优势占据主导地位。博物馆所属的事业单位类型中，公益一类是全额拨款单位，不能或不宜由市场配置资源，所得收入悉数上缴；公益二类则是差额拨款单位，资源可在一定程度上通过市场配置。我国大多数博物馆是公益一类单位，而故宫是公益二类单位。政府相关管理部门作为直接管理的上级单位，根据博物馆的划拨资金，有计划地统筹安排博物馆的各项事务。长期以来，我国博物馆一直隶属行政部门管理，馆长实行行政任命制。这一管理体制有一定的优越性，但是从建立服务型政府的要求来看，博物馆政事不分、管办不分、管控过死过细，博物馆缺乏自主权和发展活力，事业法人地位难以保障，内部决策机制、执行机制及监督机制行政化，已在一定程度上影响了博物馆职能的发挥。

具体而言，博物馆所处的制度环境，由以下多个层次的影响共同构成。

1. 国家层面的法规和管理

博物馆的设立和运作受到国家相关法律法规的规定，受到文物保护法、文物经营管理办法、博物馆管理条例等法规的约束，这些法规规定了文物如何保护、管理和利用。还有文物拓展利用办法、国有博物馆收费管理办法等规定了博物馆文物等扩展利用方式和收费管理办法。至于故宫博物院这样的大型博物馆，可以通过文物的扩展利用增加博物馆的自给自足能力，但进行文物的拓展利用、商业化活动时，需要遵循相关法律法规。以上所列的是一些主要的法规，实际上，博物馆还需要遵循其他相关的法规和规章制度，以确保文物得到妥善保护、展示和管理。遵守这些法规有助于博物馆规范运作和文化遗产保护。

2. 政府部门的管理

政府通常参与博物馆管理，政府对博物馆的资金支持、政策制定、监督管理等都会对博物馆的运作产生影响。国家文物局是中国的国家级文物管理机构，负责对全国范围内的文物进行监督、管理和保护。就故宫博物院来说，国家文物局对故宫博物院进行监督和管理，确保博物院的文物保护和管理工作符合国家法规和相关标准。该机构有权对博物院的文物收藏、展览、修复等活动进行审核和检查。国家文物局负责制定和推动文物保护政策，包括文物修复、防腐、环境控制等方面的政策。这些政策的实施直接影响到故宫博物院的文物保护工作。在文物保护和修复项目方面，国家文物局向故宫博物院提供资金等支持，这有助于博物院进行文物修复和保护项目，确保文物得到妥善维护。在文物征集、收购和管理中，国家文物局可能会对文物进行调查与鉴定，确保博物馆收藏的文物的真实性和历史价值。

3. 国家文化政策的影响

党的十八大以来，以习近平同志为核心的党中央把文化建设提升到一个新的历史高度，文化建设为新时代坚持和发展中国特色社会主义、开创党和国家事业全新局面提供了强大正能量。《"十四五"文化产业发展规划》作为我国文化事业的总体发展规划，明确了未来一段时间内文化事业的总体方向、目标和重点，博物馆需要根据该规划制定自身的发展战略。党和政府对文化事业的关注和支持以及对传统文化的重视，为博物馆的展览方向和文物收藏提供了方向和思路。

4. 文物保护等专业规范的影响

博物馆需要遵从一系列专业规范，以确保其运作、文物保护和服务符合国际标准和行业规定，该专业规范包括博物馆伦理准则、文物保护要求、展览设计规范、博物馆教育和文化交流的规范等内容。其中最重要的是博物馆伦理准则，这是国际博物馆协会（ICOM）发布的，规定了博物馆在文物收藏、展览、研究和教育方面的伦理原则。遵从这些专业规范和要求，有助于确保博物馆在文物管理、展览、教育等方面的工作的高质量和专业性。博物馆在实践中需要关注并遵循这些准则，以推动博物馆事业可持续发展。

5. 符合社会公众需求和期望

博物馆不仅负责保护和研究文物，还要服务社会公众，需要满足社会公众对历史文化的需求和期望。社会公众对于文化、历史、艺术的需求和期望会影响博物馆的行动。博物馆一般通过提供丰富的教育活动，包括学校参观、讲座、研讨会等，来满足社会公众对历史文化的学习要求；同时，也会支持学术研究，吸引专业学者参与，推动学术交流。此外，博物馆也需要定期推出临时展览和特别活动，以吸引更多的公众参观。这些展览可以涉及不同主题，包括当代艺术、社会问题、科技创新等，以吸引不同兴趣和年龄层的观众。博物馆还需要与所在地的社区建立紧密联系，开展社区参与项目，为社区提供文化服务。

综合而言，博物馆所处的制度环境是由国家层面的法规和管理、政府部门的管理、国家文化政策的影响、文物保护专业规范影响、社会公众的需求与期望等多个层面交织而成的，这些特点共同塑造了博物馆的运作框架和职能。

（三）制度视角关于博物馆的研究

以博物馆为研究对象的研究，大多属于博物馆学范畴，很少引用社会学的研究（Rowland，Rojas，2006）。尽管博物馆学的研究者很少引用社会学的研究，但也经常用相似的术语来阐述他们的观点。博物馆实践被行业标准和艺术专业领域的规范强烈地影响（如 Carbonell，2004；Morris，2003），这就意味着可以从制度视角来对此进行研究。

　　新制度理论学派的社会学研究者倾向于将博物馆的使命与内部组织状态放在博物馆如何与更大范围内的博物馆场域相联系和适应的视角来研究。以迪马吉奥为代表的一些学者在研究中以美国艺术类博物馆、科学技术博物馆、意大利博物馆等为案例研究对象，探讨了很多制度理论的重要议题。相关研究在三个层次展开：博物馆场域层次（如 DiMaggio，1991）、博物馆组织层次（如 Van Saaze，Wharton，Reisman，2018）、博物馆个体层次（博物馆的领导者、工作人员、专业人士、观众等，如 Bagdadli，Paolino，2005）。相关研究主题主要包括场域的结构化过程、组织对制度要求的回应、制度合法性的不同侧面和组织身份的结构特征等，学者回答了博物馆场域是如何形成的、博物馆组织对制度压力是如何回应的等问题。

　　制度的要求不仅来自上述文化视角，还须考虑制度环境中的技术要求。博物馆作为组织类型，必须获得与特定技术要求相符合的合法性目标。研究者讨论了技术影响博物馆和博物馆场域的三种形式：技术创造了特定艺术形式的可能性、允许行动者把新的实践方式嵌入博物馆、能够巩固或动摇博物馆的实践（Rowland，Rojas，2006）。

　　作为特定组织类型，博物馆的组织身份是不同的，一类博物馆的身份是复杂的，而另一类博物馆的身份是单一的，哪种博物馆更受公众的喜爱？这是一个有趣的研究方向。诺亚和托尔伯特（2019）讨论了这一问题，他们以美国艺术博物馆的历史资料作为数据，将美国艺术博物馆的观众进行了细分，研究发现，艺术评论家、艺术鉴赏者、随机参观者这三类观众对博物馆身份的复杂性抑或单一性有着不同的偏好（Noh，Tolbert，2019）。

二、影响博物馆组织结构的多重制度逻辑

根据制度逻辑相关已有理论，组织所处的场域内长期存在逻辑多样性，组织应当关注多种逻辑之间的联系和它们如何在组织内发挥作用（Hoffman，1999）。不同组织对制度复杂性的感知受组织属性影响，其对回应策略的选择受环境制度格局、性质及强度的约束。故宫博物院作为一家国家级博物馆，需要面对多重制度逻辑的制度复杂性现实。

（一）国家逻辑

国家是一种重要的制度权威（Dacin 等，1999；Zukin，DiMaggio，1990），国家逻辑包含国家维护社会及政治秩序的基本要求（Greenwood 等，2010），国家的制度权威是利益的根本规则，决定了组织的目标以及资源分配机制，指导着组织的行动（Dunn，Jones，2010；Lounsbury，2007；Ouchi，1980；Thornton 等，2012）。在不同的经济社会体制和文化背景下，国家逻辑的内涵和作用机制也有不同的表现，并有可

能随社会变迁而变化（Greenwood 等，2010）。已有的非营利组织的研究也表明，国家逻辑通过政府对非营利组织的资助来影响该组织的共同信念和价值观，并通过影响各种活动塑造物质实践（Guo，2007）。特别是，随着政府资助重要性的增加，非营利组织采用更多以公平为导向的价值观，这表明国家逻辑影响着组织行为的合理化，而依赖政府资助的组织更有可能产生社会效益并为政府服务，国家逻辑是推动非营利部门形成组织使命的重要因素。

国家逻辑在本书中指的是博物馆在国家层面的定位和角色所依据的一系列逻辑和原则，包括国家对博物馆的期望，博物馆在国家文化体系中的地位以及博物馆在国家文化传承、教育、国际交流等方面的使命。故宫博物院作为中国影响最大的博物馆之一和国有文化机构，国家逻辑对其影响更大，上述国家逻辑直接被感知为故宫博物院所承担的使命，是其存在的理由和价值，是故宫博物院作为一个组织行动者和组织内部每个个体行动者在产生具体行动时的注意力焦点，因此国家逻辑以主导逻辑的作用力量被组织和个体所认识，影响他们的行动。

国家逻辑，可以总结为以各层级政府部门为主体的、实施一系列政治性制度安排的规则体系，这里的政治性制度安排通常包括法律法规、政策方针等，因此国家逻辑的价值取向具有控制性和稳定性的特点。

1. 作为行政管理体系下的事业单位

故宫博物院作为事业单位，承担事业单位的使命责任，也具有事业单位的基本特征。所谓事业单位，指的是"国家为了社会公益目的，由国家机关举办或其他组织利用国有资产举办的，从事教育、科技、文化、卫生等活动的社会服务组织"（国务院令第 411 号《事业单位登记管理暂行条例》）。作为事业单位的故宫博物院具有以下特征：首先，故宫博物院受上级政府机关的直接领导，主要领导的任免与考核，主要的组织使命、任务和活动、内部的工作重点与资源分配，都受到影响；其次，故宫博物院的职能是政府职能的补充，具有为社会服务的公益性；最后，资金来源于政府财政拨入，经营活动具有非营利性。基于这些特征，其国家逻辑往往关注三个方面：一是组织目标上要求承担博物馆组织的职能，以社会教育和社会服务为目的；二是在管理体制上，遵从上级主管单位的行政领导，管理活动受到上级的约束和要求；三是由于故宫博物院是国有所属博物馆，资金来源主要靠政府拨款，这种资源依赖的关系使行动者的行为要符合党和政府的期望，从而获得合法性。

不同时期，党和政府都对博物馆主体的公共文化服务职能有不同的要求，体现了鲜明的时代特点。

例如，2003 年 10 月 23 日，时任中共中央政治局常委李长春在视察河南博物院时，首次提出博物馆要贴近现实、贴近生活、贴近群众，并要求国家文物局在河南博物院展开"三贴近"试点。此后，"三贴近"成为博物馆工作的重点，这是国家对博物馆事业的宏观指导。

2. 作为承担政府提供公共文化服务的主体

党的十九大指出，新时代人民对精神文化生活的需求与日俱增，强调"坚定文化自信"需要把"加强文物保护利用和文化遗产保护传承"作为具体实践工作的思路和举措，因此中国文博事业的发展成为中国文化建设的重要组成部分，关系中国文化强国建设大计。博物馆成为教育和社会服务的平台，通过展览、教育项目等方式向公众传递知识，促进社会公众文化素养和教育水平的提高。国家逻辑可能鼓励博物馆与当地社区建立联系，通过社区参与项目、文化活动等方式，服务于社区，实现文化普及和社会融合。国家逻辑要求对故宫这样的重要文化遗产进行保护和传承，以确保其在时间和历史的冲击下不失去其文化价值，对故宫进行保护和传承，体现国家对中国传统文化的尊重和重视，也表现出我们的文化自信；国家逻辑也要求故宫博物院在传承传统文化的基础上，将社会主义核心价值观融入其中，增强文化的现代性和时代性；同时，国家逻辑要求故宫博物院在展示文化价值的同时，也要体现中国国家形象的优美和魅力，以提高国家的国际形象和软实力。

总之，国家逻辑反映了国家对博物馆在文化事业中的定位和期望，博物馆在运作中需要与国家的文化政策和发展战略相协调，充分发挥其在国家文化事业中的作用。

（二）市场逻辑

市场逻辑是一种"社会的主要原则"（Thornton，2004），市场逻辑在文献中没有非常精确的定义。很多文献认为，市场逻辑的定义通常是指创造金钱、效率和增加自利（Thornton 等，2012；Friedland，Alford，1991），强调利润最大化是组织的恰当目标或者说是组织的"战略基础"。市场逻辑更关注市场回报（Thornton，2001；Thornton，Ocasio，1999），致力于提高组织的利益，即获得更高的利润、股价表现和市场声誉（Smets 等，2015）。一般认为，市场逻辑的一个关键特征是关注价值创造和价值获取（Rundall 等，2004），主要体现在博物馆实践中以商业为导向的行为和各种提高效率的管理行动上；市场逻辑的另一个重要特征是强调满足客户需求（Davies，Quirke，2007）。很多研究表明，非营利组织为实现资金来源多元化和提高财务来源的可持续性而从事商业活动（Hwang，Lee，2023）。

从改革开放到社会主义市场经济体制逐步建立和完善，经济快速发展，对文化建设的重视程度越来越高，这也对故宫博物院的发展产生了巨大的影响。相对于国家逻辑的注重文化传播、宣传教育等功能，市场逻辑的基本动机是实现经济利益，且价值取向具有创新性特点，因此受市场逻辑的影响，故宫博物院要不断提升影响力，表现为创造更多的商业机会、提高管理效率、提供满足公众需求的文创产品和服务等。

1. 以商业为导向的行为

面对稀缺慈善资源日益激烈的竞争，非营利组织有动力实现收入来源多元化并采取替代创收策略（Curley 等，2021；Hersberger – Langloh，2022），特别是，非营利组织采取了多样化的赚取收入策略，从而导致该行业劳动力采用商业化的管理主义和专业化（Suárez 等，2018；Sandberg，Elliott ，Petchel，2020）。新制度理论已被用来解释这一趋势，特别是制度逻辑视角，它探讨了组织行为的文化和社会背景，揭示了市场逻辑如何影响组织的诸多行动（Suárez，2011）。对于任何组织而言，各种资源的获取尤其是资金的获取程度对组织的发展会产生重要的影响。非营利组织赚取收入包括来自商品和服务销售带来的收入以及其他从所执行的工作中赚取的收入，这些收入有助于非营利组织获得更多的财务自主权，从而使非营利组织能摆脱对政府拨款和私人捐款的依赖，从事更多的符合组织利益最大化要求的活动。而外部资助者的要求可能并不总是兼容符合组织的最大化利益和/或抵消政府资金和私人捐款的减少（Krashinsky，1997；Lee，2019）。

在国外学者的研究中，博物馆组织作为典型的非营利组织，受到自由市场和新公共管理原则的影响，新自由主义的法规推动文化和研究机构追求应用效率和经济效益（Griffin，Abraham，2000；Olssen，Peters，2005；Osborne，2010；Thomson 等，2014）。安华·提利关于英国博物馆的研究，发现博物馆采取了更加重视面向公众的管理新政策，从而产生了意想不到的后果（Tlili，2014）。博物馆领导者的关注点也更多地集中在观众参与、管理发展、资金和信息技术上（参见 Anderson，2005；Graham，2005）。

我国的公立博物馆作为事业单位，大多数是公益一类的全额拨款单位，不能或不宜由市场配置资源，所得收入悉数上缴，还有少数博物馆是公益二类的差额拨款单位，资源可在一定程度上通过市场配置。故宫博物院作为公益二类单位，每年的经费 54% 由国家拨款，剩余 46% 则要自力更生，通过市场化运营来获得经济收益，以填补经费空缺。也正因如此，故宫博物院有了更强的内生动力采取多种市场化行动。因此在市场逻辑的指导下，故宫博物院要具备一定的创收能力，关注的重点是如何扩大资金获取渠道，拓展盈利方式和手段。

2. 提高效率的管理行动

在经济社会快速变化的时代，公共部门在不断努力提高其管理和服务的效率和质量（Piening，2011），博物馆组织在市场逻辑的引导下，对效率的提升也越来越重视。博物馆需要调整展览计划，制订灵活的战略规划，来适应市场需求和吸引更多观众，并采用多种形式来提高观众参与度，增强博物馆的吸引力。市场逻辑推动博物馆在数字化和科技应用方面取得进展。

随着计算机技术和网络的广泛应用，数字技术的出现为提高工作效率提供了更多可能性，包括数字化展览、在线销售、互动体验等多种方式。市场逻辑强调对市场需求的准确理解，博物馆可能采用数据分析工具，通过收集和分析访客反馈、门票销售数据等，作出更明智的决策，提升管理效率。博物馆的藏品信息管理也开始向数字化管理方向转变。现代化的藏品管理系统借助计算机互联网技术，把藏品的文字信息、图像、音频、视频等资料信息，准确、系统、多角度地进行储存备份；并提供高效的查询、修改、统计、复制、输出等功能性服务，使博物馆管理工作人员从以往繁重的日常管理工作中解脱出来，提高博物馆的管理水平和工作效率。

3. 提升服务水平，满足观众的需求

根据从事休闲市场工作的博物馆研究人员的说法，博物馆已经偏离了“博物馆研究以藏品为基础，博物馆规划活动源于研究工作”的原则（Reid，Naylor，2005：360），定量研究也表明了这一趋势（Edwards，2007；Jensen，2019）。这些研究发现博物馆在学术技能的要求上作出让步，将更多重点放在了沟通和管理技能以及相应的个人素质方面。这些转变表明，博物馆在 21 世纪更加以市场为导向。在市场竞争的情境下，服务的质量和水平成为人们对社会组织进行评价的重要依据。市场逻辑要求博物馆组织一方面提高服务意识，缩小博物馆与观众的距离感，加强与观众的互动，建立良好的服务形象；另一方面把自身的文化内涵同观众的需求相结合，创新博物馆的经营策略，提供让观众满意的产品。

2022 年 8 月，第 26 届国际博物馆年会（ICOM Prague 2022）通过了博物馆的新定义：博物馆是为社会服务的非营利性常设机构，研究、收藏、保护、阐释和展览物质与非物质遗产；向公众开放，具有可及性和包容性，促进多样性和可持续性；以符合道德且专业的方式进行运营和交流，并在社区的参与下，为教育、欣赏、深思和知识共享提供多种体验。博物馆的这个新定义弱化了博物馆的神圣性和原真性，强调博物馆的公众视角和社区参与，体现了博物馆面向社区与公众的开放性、包容性和渗透性特质。在这一背景下，市场逻辑与博物馆的专业逻辑是紧密结合的。市场逻辑带来的以观众为中心的观念，能够促进博物馆和专业人士更好地与观众（特别是公众）互动。博物馆和专业人士如果希望与公众进行有意义的对话，需要与观众保持一致，在认识和了解观众偏好的前提下，接触并为目标观众提供服务。

近年来，博物馆日渐成为人们喜欢去的热门旅游目的地，"每到一座城市先去博物馆看看"，成为旅游新共识。但是，博物馆和旅游景点有着本质区别。一方面，因为博物馆展示的是文物，是中国优秀传统文化的代表，传递给观众的更多是文物蕴含的意义、艺术、历史等，是认识历史、解读历史的载体，所以参观博物馆的展览和旅游带给观众的体验是有所不同的；另一方面，安全工作是博物馆工作的重中之重，所以对游客的行为应有严格要求，如博物馆展厅里不能大声喧哗、不能用闪光灯拍照、不能吃东西等，这都与以"游玩"为目的的旅游景区有极大的区别。在文旅融合的大背景下，博物馆需要创新工作方式、方法，引导更多的游客走进博物馆，为旅游增加更多的意义和价值。

作为需要每天服务上万公众的博物馆，故宫博物院也需要对公众的多种需求进行回应，不断提升公众对故宫形象的积极评价，增加公众对中国优秀传统文化进一步的认同。故宫博物院也需要打造一些商业产品和商业活动来满足市场的需求，需要不断根据市场逻辑的要求塑造故宫的形象、环境与服务质量。

（三）专业逻辑

由于专业知识水平高且任务复杂，医院的护士和医生、大学的学者等职业群体被认为是专业人员（Freidson，2001），他们被认为是现代社会的关键参与者。专业人员的工作植根于他们所处的组织结构和制度（正式和非正式规则）的规范和价值观中，也源于他们在接受正式培训时的早期社会化（Scott，2008）。不同的职业群体有着不同的价值观和规范，这些可以视为不同的"制度逻辑"，其被定义为指导和激励组织中团体和个人行动的理所当然的原则（Friedland，Alford，1991；Thornton，Ocasio，2008）。专业逻辑在文献中没有明确的定义，但是很明显，专业逻辑是基于个人或群体的职业而来的，植根于特定职业的规范框架，包含指导和规定如何正确地开展工作、如何胜任工作的多种认知（Scott等，2001）。制度主义强调专业逻辑在塑造行动者身份认同方面的重要作用（Clemens，Cook，1999），尤其是在组织中的专业逻辑与组织领域的身份相关（Rao，Monin，Durand，2003）。

在已有研究中，博物馆组织的专业性被反复提及，博物馆的实践深受行业标准和专业规范的影响（Carbonell，2004；Morris，2003），尤其是在传统的博物馆话语中，藏品被视为博物馆的核心，博物馆的工作意味着与藏品打交道，而按照专业逻辑，博物馆的合法性就源于个人在藏品领域的专长，专业人士关注的根本是在专业领域的地位。专业逻辑体现出的管理本质是依据规范进行日常和战略活动规划，专业人士对实践管理有着不同的理想（Abbott，1988；Freidson，1994）。按照这一思路，博物馆领域存在专业逻辑，这意味着博物馆除了按照专业标准进行日常管理和战略规划之外，还非常注重维护具有相同专业背景的同事或同行的利益。博物馆特定专业群体（如博物馆馆员、研究员、修复工匠）的内部动态、优先事项、价值观和身份，这些逻辑的指标在组织的业务规划、工作重心、资源分配等活动中得到集中表现。博物馆专业逻辑关注的另一个核心问题是其提供专业服务的质量和专业发展情况，在专业逻辑影响这个共识的基础上进行自上而下的各类决策。

在博物馆的实践过程中，其专业逻辑与国际博物馆协会对博物馆的定义有关，ICOM 的定义包含博物馆关注与保护遗产和向社会通报相关的活动，如教育和研究。这个专业逻辑规定了博物馆的核心任务组织的核心价值观，在某种程度上也体现了国际博物馆协会对博物馆的定义。如在教育方面，很多博物馆的工作人员认为其职责是教育孩子或其他观众。专业逻辑在博物馆的定义方面的体现也包括指导博物馆正确开展工作，这与特定组织的价值观相关，如故宫博物院的员工们致力于古建筑保护、文物修护等工作，这是组织目标的直接体现。因此，由于组织内不同专业群体的规范，在某种程度上，组织中可能会遇到不同的专业逻辑，它们共同构成组织行动的依据。

博物馆需要满足专业逻辑，以维持或提高其在博物馆领域（如博物馆专业人员）和特定专业领域（如艺术家、评论家、赞助人等）中的声誉和合法性。如前文里谈到的，我们需要认识到，对一家博物馆而言，自身的文物珍藏是它赖以生存和发展的基础，陈列展览是其工作的核心业务，而学术研究则是保持博物馆持续发展的内生推动力。故宫博物院作为中国极具代表性的综合性博物馆之一，自然也具有这些功能和特点，并且从组织结构上体现出一种专业逻辑来指导自身的发展。这里提到的专业逻辑，是指以故宫博物院的宫廷古建筑和院藏文物作为基础，所遵循的科学思维模式和专业管理方式，是一组价值取向具有科学性特点的专业规范和认知。

1. 藏品保管、修复和研究的专业要求

文物藏品是博物馆事业发展的基石，因此专业逻辑更多地关注博物馆内的藏品本身，并延伸至其他方面。博物馆的工作者在长期的工作实践中，汲取传统的金石学、方志学、考据学、目录学的成果，同时借鉴外国博物馆馆藏管理方面的经验，逐步摸索、总结出一套藏品保护管理办法（吕济民，1998）。

具体来说，首先是现代博物馆内的藏品通常数量比较庞大，因而需要花费大量的时间和精力来进行清理和保管，对不同类型的文物，如纸质文物、陶瓷、绘画等的保护原理和方法要有深入的了解，理解文物材料的特性以及时间和环境对文物的影响；要掌握文物保管的基本原则，包括环境控制、储藏管理、文物移动和展陈等方面。

其次是收藏于博物馆内的文物，或是具有悠久的历史，或是本身就有极高的艺术价值和学术价值，这些都对博物馆的修复工作提出了更高的专业要求，即能够对文物进行分类和鉴定，了解文物的历史、文化背景和价值，从而确定文物的保护和修复策略。专业人员需要具备文物修复方面的技能，能够进行文物的表面清洁和结构修复、脆弱材料的加固等工

作，了解不同文物材料的修复技术和方法。同时，还要掌握使用科学仪器进行文物材料分析和检测的技术，以了解文物的材质、构造和状态，为修复和保管提供科学依据。

2. 展示、展览的学术性要求

传统的展示、展览重在罗列，注重的往往是外在的"展"的形式，而专业逻辑则对博物馆组织的陈列展览提出了学术性的要求。

首先，博物馆内的藏品是优秀文化、艺术和思想观念的集合体，对这些藏品的展示需要建立在学术研究的基础上，对展览主题进行全面、系统的了解，策展人需要具备扎实的学科知识，确保展览内容具有学术深度，展览策划过程中要求对相关文献进行深入研究，并在展览资料中进行引用，保证展览内容的准确性和可信度。博物馆展览往往需要与学术领域的专家合作，使展览内容得到专业验证，与学者、考古学家、历史学家等专业人员的合作可以增加展览的学术权威性。

其次，直接把院藏文物摆放出来的展览形式是缺乏专业性的展示，需要在陈列展览中与学术性的研究成果加以结合和进行辅助，加深观众对文物背后深层次文化的理解。展览主题应该具有一定的学术深度，能够引发观众对知识进行深刻思考。展览的学术性不仅体现在研究方法上，还要通过深度剖析展览主题来展示学术的严密性。

博物馆专业逻辑对展示和展览的学术性要求强调对学术研究的深度和质量，以确保展览内容的准确性、严谨性和教育性。具体来说，学术性的展览应注重展览解说的学术性，以深入浅出的方式向观众传达学术知识，让观众通过参观获得更多的学术启发。学术性的展览不仅要注重学术传递，还要促进公众参与，可采用互动式的展示手段，使观众更好地理解学术知识。

3. 博物馆公众教育的专业要求

博物馆从诞生之日起，就承担着教育职能，办什么展览、挑选什么文物，怎么写展品说明，都体现着一种价值判断，所以博物馆是传播意识形态的重要场所之一。随着博物馆事业的发展，公众希望从博物馆收获更多历史与艺术方面的体验，博物馆也就成了学校之外的重要教育机构。与学校教育不同，博物馆教育是"以实物为基础，通过对藏品进行科学研究，举办各种陈列展览，让人们在站立和行走的交替运动中，围绕着'物'这个中心，依赖视觉并辅以听觉、触觉等其它感官共同作用，通过观察、阅读、听讲或者触摸及操作等活动接收、加工和记忆信息的认识过程"（吴学婷，2015）。英国学者肯尼斯·赫德森（Kenneth Hudson）就曾明确指出，"博物馆及其陈列品的基本目的职能就是进行教育"（Hudson，1975）。博物馆中的教育无处不在，除了展览讲解、专题讲座、教育活动等显性教育形式，博物馆的展品、环境都具有隐性教育的作用和意义。

博物馆教育是广义教育的一种，具备知识传承的功能。除此之外，博物馆教育还具备培育思想情感的功能。博物馆的历史文化积淀厚重，承载着一个民族、一个国家的精神追求，其教育功能已超越了单纯的知识传承。置身于博物馆当中，面对祖先留下的丰富文化遗产，很容易树立民族自尊心、自信心和自豪感。

过去的博物馆侧重收藏和展示，而现在的博物馆越来越关注为公众提供教育服务。随着我国博物馆教育事业的发展，博物馆被推向教育前线，成为学校之外的重要社会教育机构，在此过程中如何转变传统的工作思路，更好地发挥博物馆的教育功能，是博物馆生存、发展面临的重要问题，同时随着数字技术和互联网的兴起，在新的制度环境中，博物馆教育也面临创新要求。

故宫博物院作为一家博物馆，也受到博物馆和艺术专业逻辑的影响，专业逻辑要求其按照博物馆身份的合法性要求进行身份与形象塑造，应当积极承担博物馆的展出、教育、宣传等使命和责任。但由于故宫博物院身份性质的独特性，其作为政府部门的下设事业单位，所面对的专业逻辑要在国家逻辑的主导之下产生影响。

三、多重制度逻辑下的故宫博物院组织结构变化

组织理论认为一个组织的发展状况常常通过该组织结构的变化来体现，也就是我们通过对组织发展过程的解析，来解读组织结构的变化是如何发生的。故宫博物院有着近百年的组织发展历史，组织结构的变化可以体现为，由成立之初简单的"两馆一处""三馆一处"的机构设置模式，到现在根据工作职责详细划分38个院领导的部处机构。故宫博物院的部门机构由少到多，部门职责划分越来越明显，院内部门间的功能越来越齐全，但这并不是简单线性的过程。故宫博物院前后经历了几十次部门机构调整，其中有数次大幅度的机构改革，也有过由多到少的精简部门时期。对于故宫博物院组织结构的演变历程是如何发生的，以往的研究并没有提供系统、科学的解释机制，博物馆研究领域的少数学者从历史视角进行解读，没有关注组织结构演变的影响因素和演变的规律。因此，本书针对故宫博物院组织结构演变历程这一实践活动，提出研究问题：组织结构的变化是如何发生的？对这一问题的回答，既要持有宏观研究的视角，来关注外部环境提出的要求，又要借助微观行动主体的理论视角，研究组织行动主体的管理行动如何发生，因此相关研究的理论应该具有跨层次的特点。制度理论，尤其是制度逻辑视角，认为组织在面对复杂多元的制度环境时，其行动上的回应受到制

度逻辑的影响，关注微观行动主体面对外部制度环境如何进行响应，既能反映宏观层次的复杂性，也能呈现微观层面的特点，具有典型的跨层级研究特点，对于组织结构的变化过程也有很好的解释力，因此本书希望借助制度逻辑与文化资源的理论视角进行研究。现有的制度理论研究成果为我们提供了一些理论工具和思路，可以部分地解释组织结构变化的机制。但到目前为止，尚未有相关研究，就其发生的内在机理和过程进行探索，有待进一步研究来加以挖掘。

在这一认识的基础上，本书期望以故宫博物院组织结构的变化过程为案例，研究多重制度逻辑对组织结构变化的影响机制。

由于研究问题在理论上尚缺乏清晰的框架和总结，本书具有探索性研究的特点，而且制度逻辑理论实践的研究需要通过细致的实践观察和分析进行理论提炼，因此本书采用更适于探索性研究的案例研究方法，通过对故宫博物院所处制度环境的特点、故宫博物院发展过程中组织结构调整内容、故宫博物院回应制度复杂性的策略和方式等资料的分析和提炼，来探索制度逻辑的影响机制。不同时期故宫博物院组织结构调整过程的相关信息分散于多种来源，所以本书以多种公开资料为主要资料来源，包括专著、期刊文章和网站资料，也有作者在故宫博物院访学期间的访谈资料和观察体会，期望通过对故宫博物院组织结构变化过程的解析，从制度逻辑视角，提炼中国情境下博物馆类组织如何对多重制度逻辑进行回应，以及故宫博物院在组织结构的调整过程中如何对不同逻辑之间的冲突进行能动性的策略回应。

（一）1925—1949 年故宫博物院的组织结构

建院初期，故宫博物院处在一个时局比较动荡的时期，从 1926 年到 1928 年先后经历了维持员时期、保管委员会时期、维持会时期、管理委员会时期，1925 年建院时的古物馆馆长是易培基，图书馆馆长是庄蕴宽，1927 年管理委员会则任命江庸为古物馆馆长、傅增湘为图书馆馆长。虽然有过几次院领导机构和领导人的更换，但故宫博物院的职能机构没有发生变动，并形成了相对简洁的组织结构。

1925 年形成"两馆一处"组织结构，即古物馆、图书馆、总务处。古物馆负责文物的整理与管理工作，馆长为易培基，图书馆负责图书、文献的整理与管理工作，馆长是庄蕴宽，总务处则负责处理与管理行政事务工作；同时，上设有临时董事会和临时理事会，董事会拥有决策权和检查权，理事会则是全院事务的执行机构，如图 3 - 1 所示。

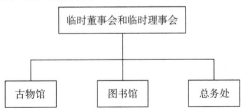

图 3 - 1　1925 年故宫博物院组织结构

　　1927 年，管理委员会任命江庸为古物馆馆长、傅增湘为图书馆馆长，同时将图书馆分设图书部和文献部，并随后将文献部改为掌故部，负责院藏图书、档案及部分典章文物的保管工作。1929 年，国民政府任命李煜瀛为故宫博物院理事会理事长，任命易培基为故宫博物院院长兼古物馆馆长，张继任文献馆馆长，张蕴宽任图书馆馆长。易培基到院任职后，根据《故宫博物院组织法》的规定，"院设理事会、院长、副院长、基金保管委员会，业务分秘书、总务二处和古物、图书、文献三馆及各种专门委员会"❶，对现有的职能机构进行了调整，将原图书馆里的掌故部划分出来并改为文献馆，同时增设秘书处，形成了"三馆两处"的组织结构，即业务部门的古物馆、图书馆和文献馆，事务部门的总务处和秘书处，如图 3－2 所示。

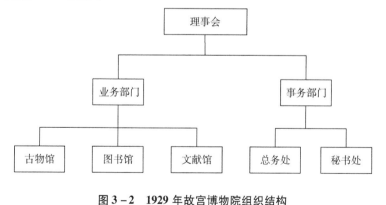

图 3－2　1929 年故宫博物院组织结构

---

　　❶　故宫博物院官网，https：//www.dpm.org.cn/classify_detail/157546.html。

1933 年，易培基请辞院长，经国民政府同意后，由原古物馆副馆长马衡代理院长，张人杰接替李煜瀛任故宫博物院理事会理事长，同时设立驻南京与驻上海两个办事处。1934年 2 月，国民政府公布《国立故宫博物院暂行组织条例》，规定本院设总务处及古物、图书、文献三馆，原设驻京、驻沪二办事处，一因在京接洽公务，一因在沪保管文物，均保留。❶ 同时撤销了秘书处，由此形成了故宫博物院"三馆一处"的建制，如图 3－3 所示。同年 4 月，院理事会改选，推举蔡元培任理事长，马衡任院长。

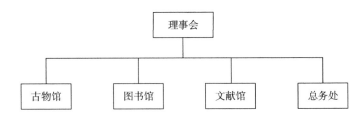

图 3－3　1934 年故宫博物院组织结构

在建院初期，故宫博物院主要受到两种制度逻辑的影响：国家逻辑和专业逻辑。从组织的目标上看，故宫博物院建立的目的，实际上是将其作为一种手段来同封建复辟势力和北洋政府势力进行斗争。从制度环境上看，故宫博物院不仅要面对封建复辟势力的反扑，还要遭受北洋政府的打压。在这样复杂的政治环境下，国家逻辑要求加强对故宫博物院的领

---

❶ 故宫博物院官网，https：//www.dpm.org.cn/classify_detail/157656.html。

导和控制，因此这个时期故宫博物院组织结构的特征表现为领导层面的不断调整。即故宫博物院自 1925 年 10 月成立，短短两三年内，其领导层先后发生了四次变动，第一次变动发生在 1926 年 3 月，原主持故宫博物院院务工作的李大钊、李煜瀛、易培基等五人被段祺瑞政府假借罪名诬陷并通缉，因此卢永祥和庄蕴宽二人作为维持员维持院务工作。但封建复辟势力并未死心，秘密策划溥仪回宫，当时的代总理杜锡珪决定改组故宫博物院成立的故宫保管委员会，并推举原清室遗老、旧臣赵尔巽、孙宝琦担任正副委员长，这就是第二次变动形成的保管委员会时期。保管委员会的复辟企图由于受到当时故宫博物院维持员的强烈反对而以失败告终，保管委员会随后解散，院务工作再次停止。在这样的情况下，当时的社会名流们自发组成维持会来主持院务工作，但北洋政府以各种虚假的借口不断给维持会制造麻烦，后维持会被奉系安国军政府成立的"故宫博物院管理委员会"取代，直到 1928 年第二次北伐成功安国军政府垮台后消失。另外，专业逻辑要求故宫博物院具备现代博物馆的基本职能，即要求故宫博物院做好对文物的收藏管理工作，因此形成了根据业务性质划分的古物馆、图书馆和文献馆加上处理事务的总务处的"3 + 1"模式。更进一步地分析，我们会发现这个时期故宫博物院的专业逻辑更关注的是对藏品的收藏管理，因此不管国家逻辑要求下的领导层如何变化，故宫博物院依专业逻辑而产生的"三馆一处"的机构设置模式保持着相当程度的稳定性。

（二）1949—1955 年故宫博物院的组织结构

新中国的成立，带来了政治、经济和社会环境的巨变，也对故宫博物院提出了新的要求，原来的制度逻辑的内涵发生了很大的变化。故宫博物院的领导机构和院内人员编制出现了数次调整，国家逻辑在领导与人员安排、结构调整过程中发挥主导作用。1949 年 2 月，北平市军管会文化接管委员会，派工作人员来故宫博物院办理接管事宜。同年 6 月结束军管，接高教秘字第 3 号令，故宫博物院改由华北人民政府高等教育委员会图书文物管理处（以下简称高教会）领导。1949 年 11 月 9 日，由高教秘字 2159 号通知，故宫博物院改属中央文化部文物局领导。领导机构的三次调整，并未让故宫博物院的组织结构设置产生较大的变动，依旧按照过去"三馆一处"的模式建制。1950 年 6 月 13 日，文化部文秘（50）375 号令批准《故宫博物院暂行组织条例》，院内设古物、图书、文献三馆和总务处，职工共 730 人，同年将总务处改称办公处，如图 3 - 4 所示。

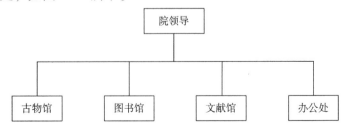

图 3 - 4　1950 年故宫博物院组织结构

　　20 世纪 50 年代故宫博物院的结构变化主要是学习苏联经验的结果，当时国内博物馆的组织结构也主要是仿照苏联模式，将博物馆的业务结构分为陈列、保管、群众宣传三个方面（傅振伦，1957）。1950 年，中央曾派裴文中、郑振铎、翦伯赞专程访问苏联博物馆，回来之后在故宫博物院作访问报告，故宫博物院展开了对办院方针和机构改革的讨论。苏联模式既是国家逻辑的表现，也是专业逻辑在发挥作用。

　　此外，故宫博物院内部人员工作中的专业逻辑也在发生新的变化，对院内的组织结构产生了影响。过去的专业逻辑重点关注的是对藏品文物的收藏管理，这期间逐渐开始关注对藏品的陈列展览和学术研究。最先是在 1951 年打破了故宫博物院持续十多年的"三馆一处"模式，并在随后几年连续进行了较大幅度的组织结构调整。1951 年 5 月 18 日，文化部文物局批准故宫博物院改组，成立保管部、陈列部、群工部，原文献馆改为档案馆，图书馆不变，办公处下设人事、行政、工程、守护四组，取消古物馆。❶ 原古物馆的整理和管理工作被重新划分，其中文物保管工作由保管部负责，文物陈列工作交由陈列部负责，增设的群工部则负责开展宣传服务等工作，档案馆负责保管和整理文献档案，图书馆与办公处的职责保持不变，如图 3－5 所示。

---

❶ 故宫博物院官网，https：// www. dpm. org. cn/classify_detail/158712. html。

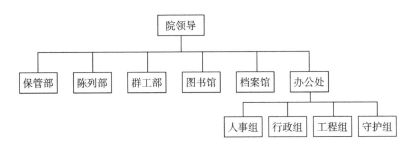

图 3 - 5　1951 年故宫博物院组织结构

1952 年初，故宫博物院为了响应上级安排，吸纳了一批复员转业军人。同年 5 月，成立了"故宫博物院临时办事处"，负责处理"三反"运动中的有关问题和安置复员转业军人的相关工作。9 月，经社会文化事业管理局批准，故宫博物院再次进行了组织机构调整，取消原来的办公处，改设秘书室、行政处和守卫大队，保管部、陈列部、群工部三部及档案馆和图书馆保持原有的名称与职责，编制 700 人，如图 3 - 6 所示。

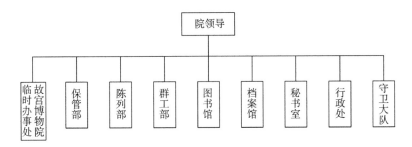

图 3 - 6　1952 年故宫博物院组织结构

到了 1953 年初，经社会文化事业管理局转文化部通知，任命陈乔为副院长，同时撤销"故宫博物院临时办事处"，并成立工程队。同年，设立"学术工作委员会"，负责全院学术与研究工作，唐兰为主任委员，陈万里、陈炳、张景华、单士元为常务委员，沈士远等 10 人为委员。同年 7 月，由《故宫博物院暂行办事总则》规定，故宫博物院组织机构设保管部、陈列部、群众工作部、图书馆、档案馆、政治处和行政处，原秘书室改称文书科，同守卫大队一起划归行政处领导。

1954 年，文化部发出通知，将故宫博物院划为文化部直属事业单位，直属社会文化事业管理局领导。其间，为了加强对故宫博物院的领导，对院领导人也作出了调整，原中共华东局党校副校长吴仲超从 1 月开始被调到院内工作，随后于同年 6 月担任院长，并展开新一轮故宫博物院机构改革：成立了党总支办公室，政治处改为人事处，恢复秘书室，新设修建处，加强其他院部、馆及学术委员会下属科组建设，将南京分院改称南京办事处，调整后全院编制 802 人，如图 3-7 所示。

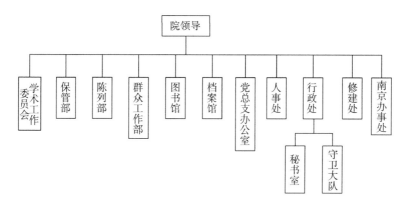

图 3-7　1954 年故宫博物院组织结构

国家逻辑除提出政治性要求之外，也在国家文化形象发展方面提出了新的要求。1954 年 9 月文化部部长会议讨论了"故宫整顿改革方案"，拟确定故宫博物院为"艺术性博物馆"，并提出了故宫博物院未来的发展方针要以普及为主，在普及的基础上提高社会宣传教育服务的水平，发展方向首先是进行中国艺术陈列，在逐步创建条件的基础上展开国外艺术陈列，这个发展方向和方针对故宫博物院的发展产生了长期的影响。

1955 年 2 月故宫博物院编辑委员会和鉴别委员会成立；撤销学术工作委员会，并在陈列部下设研究室和诸类研究工作组；图书馆改为图书资料室，作为科级部门归陈列部领导；同年 12 月经上级批准，院属的档案馆移交国家档案局领导。具体如图 3 - 8 所示。

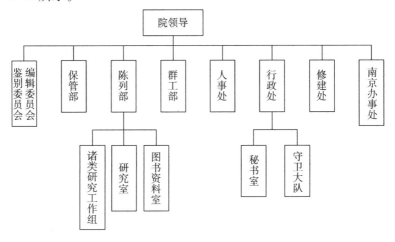

图 3 - 8 1955 年故宫博物院组织结构

（三）1955—1966 年故宫博物院的组织结构

随着"三大改造"的完成，中国进入了全面建设社会主义时期，并对我国的文博发展事业提出了要求。在这个时期，国家提出了精简机构的要求，在这样的国家逻辑影响下，故宫博物院对院内组织结构进行了调整。首先是 1955 年故宫博物院结束了从 1929 年开始确立的古物馆、图书馆、档案馆和秘书处、总务处的"三馆两处"组织机构设置形式，并在随后的两年中针对不适应博物馆发展的部分组织机构进行了局部调整。到 1957 年，保管部、群众工作部、陈列部、行政处和南京办事处保留不变，修建处改称工程队，增设部门有办公室、保卫科、陶瓷研究室和建筑研究室，撤销的部门有人事处和秘书室，如图 3 - 9 所示。

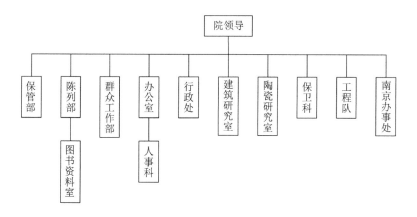

图 3 - 9　1957 年故宫博物院组织结构

1959 年，撤销陈列和保管两部，成立古代美术史、工艺美术史两部，将人员混合，再重新组合，并调整充实干部，主要是为了适应事业发展需要和加强科学研究工作的考虑，把文物陈列、库房保管和科学研究紧密结合。这一改革还出于方便文物管理工作的考虑，为了对全院文物仓库进行清理，建立文物档案和登记卡片，做好文物、账目、卡片相一致的文物"三核对"工作，这一工作量大且艰苦，保管部不能独立完成，通过部门调整方便这项工作的开展。

1963 年 1 月 12 日，故宫博物院交文化部干部司和文物局的报告中说："我院美术史部和工艺美术史部是 59 年机构调整时按工作方面来划分的，从几年来工作实践看，一个部要全面领导一个方面的各种工作，不利于专业的加强与提高，在领导干部选拔上亦有困难，因此据文化部《关于博物馆和文物工作的几点意见（草案）》的要求，经我们研究，拟撤销美术史部和工艺美术史部，成立研究室、陈列部和保管部。"报告中提到的"意见（草案）"的主要精神是"结合巩固、充实、提高的方针"，"在经过（机构）精简、调整的基础上"，要求博物馆重新"拟定组织机构和各部门职责"。文件再次强调"博物馆藏品是一切业务活动的基础""在陈列上要逐渐形成完整的陈列体系""博物馆的群众工作，是馆与群众之间的纽带"等，显然其仍是根据苏联博物馆学的基础理论（杨新，1998）。

1965 年 12 月 6 日，故宫博物院再次向文物局提交了报告，说明未来便于集中领导，解决领导力不足的问题和有利于工作更好地为工农兵服务，经文化部同意成立政治部，同时将现有陈列部、保管部合并为业务工作部，文物修复工厂也归属业务部领导。这次结构调整的目的是便于"统一领导"，而1963年的报告的观点是"一个部要全面领导一个方面的各种工作，不利于专业的加强与提高"，这次结构调整否定了上次机构调整的意义。

我们可以看到，故宫博物院的组织机构设置在1958年之前，虽然每年都有不同程度的调整，但是整体来说，组织机构的数量还是呈一个增长的趋势，全院的人员编制也有一定的扩大。但在精简机构的国家逻辑指导下，故宫博物院的组织结构调整方向跟过去比发生了变化。为了积极响应中央政策的要求，故宫博物院开始了精简机构的改革，直到1966年，先后完成了多次精简机构工作，具体改革情况如表3－1所示。

表3－1　1958—1966年故宫博物院组织机构调整

时间	增加部门	减少部门	调整结果
1958.7	成立管理部	撤销行政处；群众工作部改为群众工作组（科级）；陶瓷研究室改为陶瓷研究组（科级）	办公室、陈列部、保管部、管理部、建筑研究室、工程队、保卫科、南京库房
1958.12	设古代科学技术研究室；恢复群众工作部；成立古建管理部	撤销管理部；撤销建筑研究室；工程队降为科级	办公室、陈列部、保管部、群众工作部、古建管理部、古代科学技术研究室、保卫科、南京库房

续表

时间	增加部门	减少部门	调整结果
1959		撤销古代科学技术研究室； 南京库房移交江苏管理	办公室、陈列部、保管部、群众工作部、古建管理部、保卫科、南京库房
1960	成立美术史部和工艺美术史部； 成立警保处	撤销陈列部； 撤销保管部； 保卫科降为科级	办公室、美术史部、工艺美术史部、群众工作部、古建管理部、警保处
1963	恢复陈列部； 恢复保管部	撤销美术史部； 撤销工艺美术史部	办公室、陈列部、保管部、群众工作部、古建管理部、警保处
1966	成立行政处； 成立政治部； 陈列部和保管部合并为业务工作部； 办公室改称院长办公室	撤销警保处	院长办公室、政治部、业务工作部、群众工作部、古建管理部、行政处

注：表格根据王树卿、邓文林《故宫博物院历程》（紫禁城出版社 1995 年版）一书第 67 页至第 69 页相关内容整理而来。

（四）1966—1978 年故宫博物院的组织结构

"文革"时期的故宫博物院处在生死存亡的风口浪尖，院内各部门无法开展工作，部门组织机构几近瘫痪。为保护故宫及故宫的文物免受破坏，故宫博物院按照中央安排实行闭馆。国家逻辑成为这个时期故宫博物院的主导逻辑，在领导层面，故宫博物院先后接受解放军工作队，军、工宣传队以及革委会的领导和管理，院内工作基本停止，同时院内大部分职工也被下放到各地，直至 1971 年 7 月院内工作逐渐恢复正常。此时院内的机构部门有：政工组、办公室、陈列保管部、群众工作部、明清档案馆（1969 年由国家档案局回归）、古建管理部、行政处。由于故宫博物院经历了长达 5 年的闭馆期，刚恢复正常的故宫博物院在管理上存在很大困难，1972 年 5 月 26 日，国务院办公室批准恢复吴仲超故宫博物院院长职务，并调田耕、陈肇到院担任副院长协助开展工作。

到了 1973 年，以吴仲超院长为代表的领导班子再次对院内组织机构进行调整，部处机构新增党委办公室、警保处和研究室，原办公室、群众工作部、明清档案部、古建管理部和行政部保持不动，陈列部、保管部合为业务部，如图3－10所示。此后直到"文革"结束，院内并没有进行较大的组织机构调整，仅在 1975 年 9 月，将古建管理部改称工程办公室。

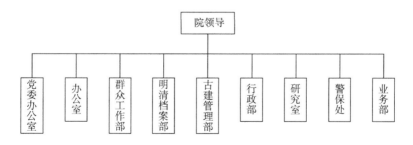

图 3 – 10　1973 年故宫博物院组织结构

（五）1978 年以来故宫博物院的组织结构

改革开放之前的故宫博物院主要受到国家逻辑和专业逻辑的影响，随着故宫博物院基础业务不断稳固发展，既有的国家逻辑和专业逻辑逐渐出现变化，并对故宫博物院提出了新的要求。另外，随着中国特色社会主义经济体制的逐步建立和完善，市场逻辑逐渐对故宫博物院的管理产生影响。

1. 初期的恢复调整

党的十一届三中全会是中国社会发展的伟大转折，中国由此进入了改革开放和社会主义现代化建设的新时期，中国博物馆事业也迎来了快速发展的新时期。国家逻辑不仅关注故宫博物院的领导层面，还在业务方面要求更加开放，并向国外艺术陈列方向发展。在专业逻辑的影响下，故宫博物院工作的职责开始向着明晰化发展。市场逻辑的引入，促使故宫博物院开始围绕市场和观众需求方向发生转变。三种制度逻辑间的交互让故宫博物院在改革开放后的几年时间内，不断对院内的组织结构展开局部调整。

改革开放时期，党和国家的工作中心转移到经济建设上来，外交要为中国现代化建设提供良好的周边环境，外交的目标从求生存转为求发展，这是一个重大的变化。在国家逻辑的影响下，故宫博物院在 1978 年 6 月设立了外宾服务部，以完成文化部提出的接待外国宾客参观的工作任务。同年，撤销了业务部，重设保管部和陈列部；按照上级关于建立政治工作机构的要求，将党委办公室改称政治部，警保处改称保卫处。1979 年，随着古建筑修缮工作的完成，将工程队改为处级部门；同年 7 月，在外宾服务部的基础上成立服务部。1980 年，故宫博物院与国家档案局签订协议，将此前"文革"时期从国家档案局移交给故宫博物院的明清档案部重新归还。1981 年 10 月，故宫博物院将图书馆恢复为处级机构。在专业逻辑的影响下，院内文物藏品的保护和修复工作逐渐得到重视，1982 年新增文物保护实验室，同年 2 月成立劳动服务公司。在市场逻辑的影响下，1982 年 4 月成立院计财处，旨在提高院内财务管理工作的效率。根据市场需求，故宫博物院在业务领域进行了拓展，于 1983 年成立了紫禁城出版社，不过此时还未单列编制，与研究室一同开展工作。到了 1983 年底，故宫博物院的部处机构共有 14 个，如图 3 – 11 所示。

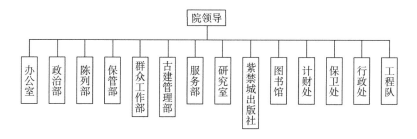

图 3 – 11　1983 年故宫博物院组织结构

业务工作部自 1965 年成立以来，一直维持到 1983 年，再度分成陈列和保管两部，加上群众工作部，组织结构大致上又回到了 20 世纪 50 年代之初的局面。纵观故宫博物院在新中国成立以后的频繁组织结构调整，尤其是业务部门的机构调整，其中有一个主要矛盾是"苏联模式"与故宫博物院文物业务实践工作之间的矛盾，而且这一矛盾集中体现在陈列与保管究竟是分还是合的问题上。合并往往发生在领导要集中精力抓文物业务工作的时候，而分开则往往是有某种外力在发挥作用（杨新，1998）而影响着内部的工作重心。

2. 业务结构重组阶段

国家逻辑过去强调加强对故宫博物院的领导，但在 20 世纪 80 年代后开始逐步扩大了故宫博物院的自主权，即院长负责制的提出并实行，让故宫博物院进入全新的发展时期。1984 年故宫博物院原院长吴仲超因病逝世，1987 年张忠培经国务院批准担任故宫博物院院长，并在故宫博物院工作会议中提出实行"院长负责制"的建议，后经文化部批准，故宫博物院正式进入院长负责制时期，张忠培院长对院内部门机构展开新一轮改革。

为适应党和国家对故宫博物院更好地服务群众工作的要求，故宫博物院响应加强开放管理工作的要求，将群众工作从开放管理部独立，成立群众工作部，将内服部、外服部、劳动服务公司合并组成服务部。专业逻辑方面要求进一步加强院内文物的修复和保护工作，在 1988 年 6 月成立科学技术部和调研室。在市场逻辑要求下，故宫博物院不断拓展业务，为了进一步加强经营管理，提高经营管理效果，故宫博物院随后也成立了经营开放管理处。截止到 1994 年，故宫博物院的机构部门有：办公室、研究室、陈列部、保管部、群众工作部、科学技术部、古建管理部、开放管理部、服务部、人事处、保卫处、计财处、监察处、古建修缮处、经营开发管理处、图书馆、紫禁城出版社、审计室、基建办公室、安全工程办公室和综合治理办公室，如图 3 - 12 所示。

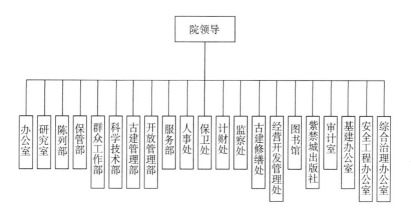

图 3 - 12　1994 年故宫博物院组织结构

1998 年，当时的故宫博物院领导层集体认识到故宫博物院需要顺应全国的改革大潮，故宫博物院进入结构调整的阶段。同故宫博物院的身份和地位相比较，并对照国际一流博物馆，管理层意识到故宫博物院的综合管理水平不够高、文博业务水平存在差距、经营开发水平相对落后、综合管理能力的不足反映在各个管理领域。当时的文物保管还采用手工管理模式，展览陈列也多年不变，学术研究脱离工作实际，而经营开发跟一般旅游景点没有区别。在这一背景下，1998年故宫博物院再次开启机构改革，对不适应制度逻辑要求的部门机构进一步调整。这次院内的组织结构改革基于如何强化管理水平的逻辑展开，涉及故宫博物院的行政、工程和文物三个领域。在行政方面，撤销原来的行政处和综合治理办，并在此基础上成立了行政服务中心；在工程方面，撤销了古建修缮处、基建办公室、安全工程办公室，成立了工程管理处；在文物机构方面，撤销原保管部、陈列部和群众工作部，新设宫廷部、古器物部、古书画部、展览宣教部和资料信息中心，如图3-13所示。

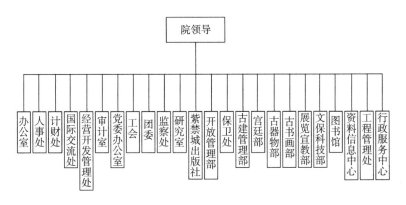

图3-13 1998年故宫博物院组织结构

可以看到，这次故宫博物院的结构改革与以往比起来有了更显著的特征，部门机构组成的专业性更明显，尤其是业务机构的设置。博物馆的业务机构需要根据博物馆工作实际进行设置，既要保证文物的安全与保护，又要有利于文物的管理与利用，还要满足科学研究和陈列展览的需求，因此博物馆业务机构的设置既要满足专业工作的开展，又要考虑工作的效率要求。所以，结构设置首先要根据博物馆的藏品数量与品类，也要根据藏品所归属的学科，将保管、陈列、研究进行一体化管理才更加合理。1998 年的机构改革是根据这一想法进行的业务结构调整，将原有的陈列、保管、群工三部拆解组合成古书画部、古器物部、宫廷部、展览宣教部、资料信息中心。故宫博物院内部把这个调整叫作"拆三组五""变条条结构为块块结构"，这次的业务机构改革，既参照了国际上现代化博物馆的成功经验与通例，又充分考虑到了故宫本身的特点与特色，从制度逻辑视角来看，是由专业逻辑主导的结构设置，同时改革过程也经过了多次大范围员工参与的讨论和详细论证，在形成改革共识的基础上进行调整，保证了日常工作没有受到影响，并且激发了员工的工作热情，同过去发生的几次分合调整有本质的区别（杨新，1998）。

3. 进入 21 世纪的发展阶段

2002 年 10 月，郑欣淼出任故宫博物院院长，同时故宫博物院根据上级通知成为划归文化部直属的局级单位。在郑欣淼院长领导时期，首要任务是启动了历时 18 年的"故宫整体修缮保护工程"，这是故宫历史上最大规模的古建筑修缮工程，并在 2003 年，故宫博物院编制完成《故宫保护总体规划大纲》。这项工程从 2003 年到 2020 年分三期逐步推进，到 2020 年全面完成古建筑内外环境整治和整体保护工作。在这个阶段，故宫博物院继续重视已有学术积累和博物馆人才培养范式，在此基础上，郑欣淼院长于 2003 年提出了"故宫学"这一学术概念，推进故宫博物院学术由自发向自觉思考，并于 2004 年成立科研处。其后，故宫博物院陆续与北京大学、清华大学、浙江大学和中国社科院等多所高校和研究机构建立合作机制。2012 年以后，在单霁翔院长的领导下，故宫博物院又成立了"故宫研究院"和"故宫学院"两个非建制学术平台，建立 9 个"故宫学院"分院机构，创办"故宫讲坛"，并于 2013 年 8 月申请成立故宫博士后科研工作站。故宫博物院进一步扩大国际国内合作，国际博物馆协会、国际文物保护学会两个国际组织的唯一海外培训中心都落户故宫博物院。故宫博物院在扩大与高校、科研院所合作的同时，也与包括敦煌研究院在内的一些文博机构建立合作关系。这些合作研究平台和多元化学术交流机制的建立，为故宫博物院学术研究、人才培养创造了更多条件。专业逻辑在这段时间内主要表现为对学术研究的重视，并且关注故宫博物院在专业领域学术地位的提升。

此外，专业逻辑下的博物馆组织的陈列展览具有场景化的特点，即不仅是参观者接受博物馆提供的陈列展览服务，博物馆同样需要根据参观者的接受能力来安排陈列展览，也就是说，博物馆的陈列展览工作需要与群众紧密联系在一起。基于此，故宫博物院原展览宣教部被撤销，同时分别成立展览部和宣传教育部。

在这个阶段，故宫博物院的组织结构也深受市场逻辑的影响。2005 年，为了适应经营管理工作发展的需要，故宫博物院院务会决定将经营管理处的经营和管理两大职能进行分离，成立新的经营管理处和文化服务中心，并进一步明确了部门职责。文化服务中心是经营实体，实行企业化管理，具有独立的法人资格，下设业务科、财务科、开发协调科和市场管理服务部。到 2013 年底，故宫博物院内的机构部门共有32 个，如图 3 - 14 所示。

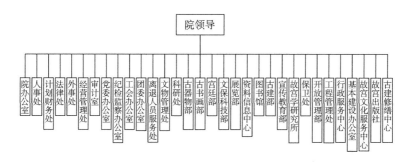

图 3 - 14　2013 年故宫博物院组织结构

2014 年，重新调整科室结构，分别设立综合管理科、开发设计科、业务科、销售科、财务科、市场管理一科、市场管理二科、后勤保障科、事业发展科和北京故宫文化产品开发有限公司。新组建的经营管理处负责全院经营创收活动的管理、协调、监督和服务，下设产业发展科和资产管理科两个科室，产业发展科负责文创产品研发、对外宣传推广、管理无形资产和品牌合作项目，资产管理科负责管理合作经营单位和监管日常经营活动。

目前，故宫博物院从事文创工作的主要部门为经营管理处、北京故宫文化服务中心和北京故宫文化传播公司，经营管理处为统筹协调各类商业活动的职能部门。

四、多重制度逻辑对组织结构变化的影响

制度逻辑会对组织施加影响；同时，组织与个人也会借助回应策略对制度逻辑进行塑造和改变，具有反作用（Thornton，2004）。尤其是处于制度复杂性环境中，甚至存在明显冲突的不同制度要求时，组织的应对策略尤为重要。很多学者研究了制度环境的复杂性对组织结构的影响，面临复杂制度环境、多重制度逻辑的组织，内部的管理结构会呈精细化的趋势，运行程序也会变得更加复杂和烦琐（Scott，Meyer，1983）。一个组织处于有各种冲突性要求的环境中，内部可能形成复杂的组织结构，存在过于庞大的管理部门和各种横跨组织边界的单元，从而获得合法性和所需资源。

面对多元制度的复杂性现实，组织结构的调整变化成为组织及其参与者积极的回应方式，已有研究关注的结构调整

方式主要有混合模式、区隔模式两类。混合模式是指在单个
组织单元内对不同制度要求进行整合，而区隔模式则是指在
多个组织单元内对相适应的不同制度要求进行整合。混合和
区隔两种模式各有特点，采取混合模式的组织更关注不同逻
辑间重合的部分，往往更容易形成相对统一的组织目标，从
而提高组织效率（Rao 等，2003）；而采取区隔模式的组织往
往处于探索发展时期，在拓展业务方面具有优势。但是，组
织内部结构的设置如果过度强调对不同制度要求的区隔处理，
则会面临组织效率和绩效降低的问题（Greenwood 等，2011）。
因此，无论是选择混合模式还是选择区隔模式，组织结构的
设置都必须着眼于组织的整体目标，如图 3 – 15 所示。

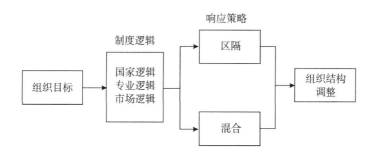

图 3 – 15　制度逻辑与组织结构调整

采用混合模式的组织，在同一个组织单元内部整合、安
排来自不同逻辑的实践活动，优点是有助于组织层次整体目
标的强调和协调一致，并有可能兼顾不同制度资源的优势，因
而获得较好的绩效（Pache，Santos，2010；Rao 等，2003）。以

区隔模式应对不同制度要求的方式也相当常见，这种情况下，组织将遵循不同制度要求的功能分置于不同组织单元。这种模式常见于"探索"型功能或业务的拓展中，如美国会计师事务所最初将审计与财务顾问业务部门分立的尝试（Greenwood，Suddaby，2006）。

　　然而，有学者对通过结构设计应对不同制度要求的可能性和效果提出质疑，认为得出上述结论是基于组织能够有意识地设计其结构以回应制度压力，而忽略了制度视角的最初观点：组织无意识地回应"理所当然"的实践方式。事实上，有研究表明，将组织内部人员依照不同的制度要求进行区隔安排以获得不同的制度资源的支持，往往出现在保守的、分化的组织中（Greenwood 等，2011）。也有研究证明，实践中在同一组织单元内部兼容不同规则非常困难，特别是在成熟的组织中增加新的功能。在一项对两个小型银行基于不同逻辑进行组织安排的对比研究中，发现成功的组织主要得益于其人员聘用策略，通过招募没有相关背景的人员降低不同制度要求可能造成的冲突，而在成熟组织中进行不同逻辑的混合安排则非常困难（Battilana，Dorado，2010）。实践中，大量组织中存在不同逻辑的杂糅和整合，然而在组织内部结构设计上，不论采取哪种模式，都不能回避组织整体层次上的目标追求和绩效评价。在内部结构上过度强调对不同制度要求的区隔，很可能导致组织整体运行及绩效整合结果难以得到保障（Greenwood 等，2011）。

博物馆本质上并不关心创造和获取（货币）价值，而这是市场逻辑的关键（Friedland，Alford，1991）。博物馆主要关注人类遗产而不是利润，但日益恶化的形势可能迫使博物馆更加重视获取货币价值，以便作为一个组织能够生存下去。多篇论文讨论了博物馆的混合性及其潜在的冲突，一些作者将这种混合视为冲突的滋生地（如 Asuaga，Rausell，2006），其他人则更多地将博物馆的混合性视为成功的关键因素（如Frey，Meier，2002），也有人指出，博物馆的混合性可能会导致冲突，但实践过程中并不一定产生冲突（Rushton，2014）。然而，人们普遍认为，尽管对于博物馆混合性的可取性存在不同的观点，但混合性在博物馆领域是一种模棱两可的现象，这些研究都引发了这样一个问题：不同制度逻辑对博物馆行动的影响机制是什么？本书关注博物馆组织的一个具体行动，也就是组织结构的调整如何受到多种制度逻辑的影响。

故宫博物院所处场域不同制度逻辑的力量对比和互动关系现实状况如何，我们将在故宫博物院组织结构调整的历史过程中进行提炼和归纳，目的在于通过考察在不同历史时期，不同逻辑对故宫博物院管理行动的影响以及逻辑间的互动状态，来研究制度逻辑对组织结构影响机制的纵向过程。

（一）国家逻辑对组织结构的影响

1. 影响领导方式的变化、自主权的变化

分析故宫博物院组织结构的发展历程，我们不难看出，国家逻辑对故宫博物院的影响主要体现在自主权的范围变化上，基本上呈现出自主权从大到小、从小到大的变化过程。

故宫博物院成立之初，管理运营采用理事会制度，如建院之初的"临时理事会"管理时期、随后经历的"维持会"和"管理委员会"管理时期，到南京政府领导时期，其理事会制度的主导性一度达到顶峰。"1928 年 10 月国民政府任命故宫博物院理事 27 人：李煜瀛、易培基、于右任、蔡元培、汪精卫、蒋介石、冯玉祥……复由理事会推举理事 10 人：马衡、张学良……"从这些理事名单中我们可以看出，其成员涉及政界、军界、商界、学界等各个领域的杰出代表人物。故宫博物院的决策权力主要由理事会行使。

新中国成立后，故宫博物院转为文化部领导的事业单位。故宫博物院从理事会领导制度转向全面行政化的领导方式，受到新中国成立初期国家逻辑的影响。在 20 世纪 60 年代，中国开始走向社会主义建设的发展道路，政府也在这一时期对事业单位的发展提出了紧缩编制、精简机构的政策要求，因此故宫博物院直属领导的部处机构从 1957 年的 10 个削减到了 1966 年的 6 个。1987 年以后，故宫博物院实行了"院长负责

制"，这实际上是国家对故宫博物院权力的下放。

2. 从重视"器物"向重视"人"的转变

政府作为国家权力机关的执行机关，承担着管理社会公共事务的功能，其职责是管理好社会事务，为人民服务。基于这样的逻辑，透过故宫博物院组织结构的演变历程，可以发现故宫博物院发展观念，经历了从重视"器物"到重视"人"的转变。

早期的故宫博物院尤为重视对文物的收藏和保管。封建社会的皇帝作为权力的集中者，也是财富的集中者，而故宫博物院作为在封建帝王宫殿基础上建立而成的遗址性博物馆，也继承了大量的文书档案、图书典籍和珍贵的古建文物。因此，故宫博物院从建院开始便重视对文书档案和古建文物的收藏与保管，其"三馆一处"的机构设置一直从建院之初保持到1950年新中国成立初期。这样，按照古物、图书、文献三馆方式设立，而作为博物馆另一基础功能的展示功能并未单独设立成馆，可以看到在很长一段时间内故宫博物院将工作重点都放在图书典籍和古建文物的收藏和保管上。随着新中国的成立及社会的和谐发展，政府要求故宫博物院发挥其社会教育功能，因此故宫博物院在经历了新中国成立初期的调整后，将院内机构设置为保管部、陈列部、群众工作部、图书馆、档案馆和办公处，也就是"三部两馆一处"模式，这标志着故宫博物院开始向重视"人"的方向转变。

这一转变背后体现的是中国文博事业的发展要求博物馆增强其社会宣传教育功能。对一个博物馆而言，其社会宣传教育功能主要体现为通过陈列展览的方式，结合讲解教学实现为公众服务。新中国成立后的十多年，是新中国文博事业的初步发展时期，但是当时故宫博物院面对的现实情况则是，中国文化教育事业落后，导致整个社会整体文化水平不高，人民群众的文化素养和知识水平参差不齐。故宫博物院想要实现其社会宣传教育的义务，则需要密切加强与人民群众的联系，更好地为人民群众服务，而这一功能通过设立的群众工作部来实现。因此可以看到，20 世纪五六十年代，故宫博物院内部的组织机构不管如何变化调整，群众工作部从设立以后就一直保持，甚至其职能还在不断强化。直到 1998 年故宫博物院进行机构改革，持续了四十多年的群众工作部才被撤销，但是这并不能说故宫博物院对社会宣传教育工作的弱化，反而是更为重视。在撤销群众工作部以后，原来院内的宣传推广和为公众服务的工作交给新成立的宣传教育部负责，强化了其接待、宣传、讲解和教育等方面的工作职责，而在故宫博物院开放期间来馆参观的观众和文物的安全工作，则交给开放管理处负责。

3. 提升政治影响力

国家逻辑对故宫博物院组织结构的影响表现出一种政治性的影响方式。正如前文所提到的，故宫博物院作为政府部门领导下的事业单位，是被动接受国家逻辑影响的。本书所说的国家逻辑的主体是以中央政府为代表的各层级政府，对中国而言，首要的就是坚持党的领导，党政关系的一切出发点和落脚点都是如何改善并巩固党的领导，这是其政治性的体现。在这一国家逻辑的影响下，可以看到 1973 年故宫博物院的组织结构改革新增了党委办公室，其工作职责是承担党委会及其他党建工作会议的组织和服务、组织党员学习政治理论和接受形势任务教育并负责发展党员以及协调其他群团组织中的党务工作等。即建立政党组织并嵌入故宫博物院的组织结构中，以增强其政治影响力，加强党的领导。

（二）市场逻辑对组织结构的影响

1. 增强与社会企业的联系

开放的市场意味着合作与竞争，受市场逻辑的影响，故宫博物院表现出的特征是加强同社会企业与社会机构的合作与联系。2010 年 10 月 10 日，由故宫博物院发起，王石、万捷、刘长乐等 8 位企业家参与的国内首个国家级博物馆基金会——北京故宫文物保护基金会正式成立，以维护和扩大故宫博物院藏品和建筑、为故宫博物院学术研究和公众服务提供支持、扩大故宫博物院国际国内影响力为宗旨。这个基金会的成立，体现了故宫博物院在与社会企业合作方面作出了一次积极的尝试。

为什么在市场的影响下，故宫博物院会选择成立基金会这样的方式？这里需要从两个方面来考虑：一方面，透过其宗旨可以看到，基金会成立的目的是为故宫博物院搭建一个对外合作发展的平台，故宫博物院希望通过这样一个平台，能够加强自身与社会企业、社会机构的沟通与交流，增强自身的影响力。在当今开放的市场经济环境中，合作共赢一直是一个有效的发展策略，故宫博物院想要快速提高自身的国际国内影响力，仅靠自身资源和产品单打独斗、闭门造车绝不是最佳的选择，而想要在市场竞争中稳步发展，故宫博物院则需要抛弃陈旧的思维观念，以更加开放、更加积极的思维来看待自身同社会企业与社会机构的关系，引入社会企业和机构的资源，加强双方的合作，这样才能推动故宫博物院自身快速发展。另一方面，随着中国改革开放事业的不断深入，中国社会主义市场经济不断完善和发展，造就了一批拥有实力、充满活力和开放创新的社会企业和企业家。这些社会企业家和企业在经历了快速积累财富的发展阶段后，开始转向注重提升文化的发展阶段，通过塑造文化来明确企业自身的外部形象，并为企业的再发展增加内生的能动力。而故宫博物院作为我国极具代表性的博物馆之一，其自身所具有的丰富的文化内涵对这些社会企业家有着极大的吸引力，因此二者的合作则是市场环境下的必然结果。

2. 拓展收入来源

对一个组织而言，无论是组织的运行还是发展，都离不开资源，而资金作为组织发展的重要资源，其获取渠道自然也会对组织产生重要的影响。故宫博物院作为中国规模最大的国家级博物馆，同时也是中国第一批国家 5A 级旅游景点之一，历来具有博物馆和旅游景点双重身份。博物馆性质决定了故宫博物院具有一定的非营利性特点，因此其资金获取方式向来是比较单一的门票收费的盈利方式。故宫博物院作为文化部直属的事业单位，每年的门票收入并不是由自己来管理使用，而是全额上缴给国家。故宫博物院实行的是预算制度，并且是差额拨款的方式，即按照年度预算，财政部、文化部逐级批复一部分资金来供故宫博物院投入使用，但另一部分需要故宫博物院自己解决。2019 年 2 月 17 日，单霁翔在亚布力中国企业家论坛上曾透露故宫博物院的差额拨款额度为 54%，即国家财政拨款为 54%，剩下的 46% 则由故宫自己解决。因此可以看出，故宫博物院本身具有单一的盈利模式和差额的预算拨款方式两个特点，故而在市场的要求下，故宫博物院需要拓展收入来源。

故宫博物院盈利模式的拓展在组织结构的变化上表现为新增一些具有盈利手段的部门机构，其中具有代表性的便是故宫出版社。故宫出版社的前身为紫禁城出版社，成立于 1983 年 3 月下旬，于 2011 年改称故宫出版社。受市场逻辑的影响，故宫出版社确定了三大经营原则，即个性化的出版原则、品牌化的经营原则以及市场化的运作原则。故宫出版社从成立至今，共计出版了两千余本出版物，以故宫资源为依托，形成了内容涉及宫廷建筑文化、档案史实研究、藏品文物艺术等方面的个性化的出版物，其中具有代表性的有《故宫博物院藏品大系》和《故宫经典》系列丛书，其为普通大众解开了故宫的神秘面纱，生动有趣地介绍了故宫博物院收藏的珍贵文物以及其背后的史实故事；而《故宫博物院院刊》和《故宫学刊》则是注重挖掘故宫博物院丰富的学术研究资源，向社会学界和普通群众展示了最新的相关研究成果。故宫出版社的成立以及产生的丰富的产品成果，得到了社会各界的广泛认可，也给故宫博物院带来了收入的增加。

3. 创新营销模式

随着中国社会的不断进步发展，中国的经济形势发生了巨大而深刻的变化。最主要的原因是近几十年互联网爆炸式发展，影响着整个中国的经济状态，改变了企业的发展模式和理念，也对人们的生活方式、消费理念等各个方面产生了重要的影响。1997 年中国互联网络信息中心（CNNIC）第一次对我国的互联网络发展状况展开全面权威的统计报告，报告显示截止到 1997 年 10 月，中国的上网计算机有 29.9 万台，上网用户为 62 万人。在经历了短短二十余年的发展后，2019 年 CNNIC 发布的第 44 次《中国互联网络发展状况统计报告》显示，截止到 2019 年 6 月，我国的网民规模达到 8.54 亿人，互联网普及率达 61.2%；从年龄结构上看，10—39 岁的中国网民占了整个网民群体的 65.1%，而所有年龄段中占比最高的群体则是 20—29 岁的青年群体，达到 24.6%。[1] 从以上数据不难看出，在中国这样一个互联网覆盖率达六成的时代背景下，故宫博物院的发展自然面临新的挑战，其需要改变过去传统的经营理念，同时紧紧与互联网时代背景相结合，充分利用好互联网发展平台，形成一个充满活力、开放创新的经营模式。在这样的逻辑下，故宫博物院形成了以网络社交媒体结合电商平台这样一个"二合一"的开放的营销模式。

故宫博物院主要利用微博、微信、App 等网络社交媒体来进行营销，其中最主要且影响力最大的则是微博。截止到 2020 年，故宫博物院的官方微博账号下有 929 万粉丝，累计发布微博 9360 条。同时故宫博物院还创立了其他相关的工作微博账号，包括故宫淘宝、故宫出版社、故宫博物院官方旗舰店、故宫商城、紫禁城杂志等共计 11 个，其中关注人数最多的则是故宫淘宝，有 104 万"粉丝"。故宫博物院通过微博平台，改变了传统的官网宣传方式，以幽默、亲切的风格发布微博，拉近了故宫博物院跟普通群众间的距离，并迅速受到了大批年轻网民的追捧，对故宫的宣传以及扩大自身影响力起到了重要的促进作用。

4. 建立亲民的博物馆形象

博物馆自身的形象指的是人们对一个博物馆的文物藏品、

---

[1]　中华人民共和国国家互联网信息办公室官网，http：//www.cac.gov.cn/2019 - 08/30/c_1124938750.htm。

陈列展示、社会服务、机构设置和人员素质等各个方面的综合认知和评价。对一个博物馆而言,陈列展示是其核心业务,不仅是实现其社会教育功能的重要方式,也是博物馆对外宣传、展示自身形象的重要方式。塑造一个好的博物馆形象,对提高博物馆影响力和促进其快速发展能够收到事半功倍的效果。在市场环境下,故宫博物院想要扩大其自身的影响力,则需要塑造一个良好的形象,即与群众保持紧密联系的亲民形象。

故宫博物院为了加强与观众们的联系,从其核心业务宣传展览上进行调整。2004 年,故宫博物院宣传教育部第一次面向社会公开招聘志愿者,并由这些志愿者来为观众们提供咨询讲解服务。故宫博物院公开招聘志愿者,既节约了院内人力、财力等资源,又能加强故宫博物院与群众之间的互动,让公开招聘的志愿者给来馆参观观众进行宣传讲解和提供服务,拉近了故宫博物院与社会群众间的距离,能够更好地与群众进行交流和发挥故宫博物院的宣传教育功能。同时,故宫博物院为了让更多的人认识故宫、了解故宫,还借助传统媒介来进行宣传,向社会群众展示故宫博物院的文化魅力。这里需要说明的是,虽然前文曾提到随着中国互联网事业的快速发展,新出现的网络媒体对传统媒介造成了一定的影响,但是其并不能完全取代传统媒介的功能,借助传统媒介既有的影响力和知名度,增强故宫博物院的影响力。例如,2016年中央电视台出品的《我在故宫修文物》,一经播出就受到了观众的高度关注和评价，用平凡的视角拉近了故宫与观众的距离，揭开了故宫身上神秘的面纱。

（三）专业逻辑对组织结构的影响

1. 重视藏品的安全保管工作

故宫博物院作为在明清皇宫基础上建立的博物馆，继承了大量的文物收藏，据统计，现在故宫博物院内收藏有 186 万余件藏品，其中珍贵文物占文物总量的 90% 以上，以明清宫廷文物类藏品、古建类藏品和图书类藏品为主，涉及文物艺术 25 个大的门类，堪称艺术的宝库。因此，面对数量如此庞大的文物藏品和历史悠久的宫廷建筑，故宫博物院必须以专业的逻辑、科学的思维来进行管理。纵观其组织结构的发展历史，会发现故宫博物院对院藏文物的安全和保管工作非常重视。从早期的以院藏品为基础而形成的古物、图书和文献三馆机构的设置，到 1957 年成立的文物修复委员会，以及随后建立的工程组、守卫大队、修建处等一系列文物保护和修复专门机构的设立，再到 2013 年"平安故宫"工程的批准实施，虽然在不同的时期和阶段，故宫博物院对宫廷建筑和院藏文物的安保工作有所不同，但是从整体上来说，故宫博物院始终非常重视这方面的工作，其中最具代表性的则是"故宫文物医院"的出现。

"故宫文物医院"成立于 2016 年，就像我们所熟知的医院是为人们提供医疗服务的专业机构一样，"故宫文物医院"
则是为文物提供"治疗"服务的专业机构，以仿照现代医院
的治疗理念和模式来对故宫博物院内藏文物提供保护、修复
和研究服务。尽管"故宫文物医院"的成立只有短短的几年，
跟故宫博物院近百年的历史比起来显得微不足道，但是其背
后体现的是故宫博物院重视文物保护管理工作的逻辑。新中
国成立后，故宫博物院文物保护方面的相关工作可以追溯到
1951 年保管部下设的修整组，到了 20 世纪 60 年代，故宫博
物院将陈列部和保管部合并为业务工作部，并在下成立了针
对文物修复工作的文物修复厂，说明在这个时期院藏文物的
安全保护工作逐渐受到故宫博物院的重视。改革开放后，故
宫博物院迎来了快速发展时期，展出活动日益增加，出于对
院藏文物安全保护的考虑，20 世纪 80 年代初，故宫博物院保
管部下设文物科技实验室，承担运用现代科技手段对院藏文
物进行分析检测和保护的工作，同时在外宾服务部下成立文
物复制厂，承担文物藏品的复制工作。但这个时候的文物保
护工作还没有一个专门的部门来统一负责，直到 1988 年，故
宫博物院将"两厂一室"进行整合，即将保管部下的文物科
技实验室、文物修复厂和服务部下的文物修复厂三者合并，
成立文物保护科学技术部，负责故宫博物院内藏文物的保护、
修复、复制和研究工作。在 20 世纪 90 年代末的机构改革中，
文物保护科学技术部更名为我们现在所熟知的文保科技部，
其工作任务也被明确为保护、修复和研究三大方面，即利用

传统工艺技术手段来对文物进行保护、继承发展和发掘整理传统工艺技术，以及对传统工艺技术和现代科学技术手段相结合的文物保护与修复进行综合研究。文保科技部的成立，为"故宫文物医院"的出现创造了条件。故宫文物保护工作从最早的保管部下设的整修组，到现在直属院领导下的文保科技部，再到"故宫文物医院"的出现，故宫博物院的文物保护理念在不断加强和进步。

2. 陈列与保管业务的分离

对博物馆而言，藏品是博物馆赖以生存的基础，因此对藏品的收藏保管是博物馆的根本功能之一，但除此之外，博物馆另一核心功能则是博物馆的陈列展览。我们需要认识到的是，这里面存在两种专业逻辑，即以藏品保管为核心的专业逻辑和以陈列展览为核心的专业逻辑，这两种专业逻辑看似有紧密的联系，但其实也存在一定的冲突，并会造成组织结构的变动。从陈列展览的专业逻辑出发，陈列展览作为博物馆日常主营的核心业务，是实现其为人民群众提供服务的核心方式，也是博物馆所能提供的最为重要的文化产品，然而博物馆的陈列展览工作看似简单，实则想要做好困难重重。因此，陈列展览是博物馆整体实力的综合体现，通过陈列展览我们既可以欣赏到陈列的馆藏文物，直观了解到博物馆文物的价值和质量，又能透过展览的安排设计，看出博物馆的管理水平和后勤保障能力，还能从享受到的参馆接待服务和宣传讲解服务中详细认识到博物馆的相关研究进展和文物研究水平，可以说陈列展览的水平象征着博物馆的综合实力水平。而从藏品保管的专业逻辑出发，馆藏文物作为博物馆赖以存在的根本，藏品的收藏保管必然得到博物馆的重视。一个要求"展"出来，一个要求"藏"起来，两种工作性质的差别会引起相应的冲突，而博物馆的陈列展览工作是建立在院内藏品的基础上的，这又使得两种专业逻辑紧密联系在一起，因此这样的冲突与联系会引发组织结构的变动。

从故宫博物院早期"三馆一处"的机构设置可以看出，在这个时期院内并未设立专门的部门来统一承担院内藏品的收藏保管和陈列展览工作，而是由古物馆、图书馆和文献馆这三个业务部门各自独立承担。但随着故宫博物院的发展，对博物馆收藏和陈列两大核心功能的作用和重要性有了新的认识，随后在1951年分别成立了陈列部和保管部，分别统一筹划管理全院的陈列展览工作和文物藏品保管工作。需要注意的是，这里虽然已经形成两种专业逻辑，并分别成立了独立的部门开展工作，但是在这个时期故宫博物院的工作重点还是文物的收藏保管，在20世纪五六十年代的精简机构时期，出于对故宫博物院藏品数量庞大导致保管部的工作任务艰巨情况的考虑，先是在1959年撤销了保管部，并根据藏品保管统计工作的不同，分别成立美术史部和工艺美术史部二部，并各自负责藏品统计和保管工作，同时也一并撤销陈列部，其工作任务也交由二部独立负责。经过几年的实践后，发现将保管部和陈列部工作分散并不适合故宫博物院的发展，仍然需要有独立的部门来统筹文物保管和陈列展览工作，因此，1963 年又撤销了美术史部和工艺美术史部，恢复了陈列部和保管部，并在 1966 年将陈列部和保管部合并为业务工作部。陈列部和保管部合并也让故宫博物院的陈列展览工作得到了快速发展，在此期间出现了历代艺术馆、陶瓷馆、绘画馆、青铜器馆等著名的专馆陈列展览，并在中国博物馆界产生了广泛的影响。但随着时间的推移，合并后两个专业逻辑渐渐发生冲突，由于陈列展览快速增加，不断向保管部提出文物展出的目录和大纲，加上那时各个陈列专馆经常改陈，往往上一个提供的陈列文物还未准备完全，又提出了新的陈列目录和大纲，这加大了保管人员的工作量，长久下来也让陈列和保管两方的矛盾逐渐加大。直到 1983 年的机构改革，故宫博物院撤销业务部，再次分设陈列部和保管部二部。

3. 营造开放的学术氛围

在专业逻辑的要求下，学术研究也成为博物馆组织重要的日常工作。故宫博物院重视学术研究存在两个方面的考虑：一方面在于故宫博物院自身得天独厚的艺术价值优势，北京故宫作为世界五大宫殿之一，壮丽宏伟的宫廷建筑群举世瞩目，此外其六百年的悠久历史在赋予了它重要的历史价值的同时，也积累了上百万件的珍贵文物藏品，这些都具有极高的研究价值和意义。另一方面如此众多的文物珍藏，让故宫博物院的工作面临重大的挑战，怎样收藏并保护好院内文物和宫廷古建筑，怎样陈列展览才能得到来馆观众的认可，以及如何有效开展院内工作让故宫博物院稳定持续地提高影响力，这些问题的解决都需要依靠学术研究来推动。1953 年，故宫博物院成立了学术委员会，并由院内和社会各界知名专家学者组成委员会的主体，负责故宫博物院的学术研究工作，并以"智囊团"的身份为全院的发展提供科学的咨询服务和建议。但是在"文革"时期故宫博物院的学术研究工作一度停滞，直到 20 世纪 80 年代，在中外交流日益频繁且国内思想越发开放的背景下，故宫博物院的学术研究进入了活跃阶段。表 3-2 对故宫博物院的重要学术研究事件进行了整理。

表 3-2　故宫博物院代表性学术研究事件整理

年份	事件	性质	组织参与主体	目的
1989	清代宫廷史研究会成立	学术性组织	国内相关研究院所、团体和单位	系统开展清代宫廷学术研究
1995	紫禁城学会成立	国家一级学会组织	全国相关领域的专家学者	对明清宫廷建筑文物开展相关理论研究与学术交流
2000	第九届国际清史研讨会	学术研讨会	国内高校和研究所	同相关高校院系和研究所建立联系；进行明清历史的相关学术研究和交流

续表

年份	事件	性质	组织参与主体	目的
2001	第二届学术委员会成立	学术性组织	院内知名专家学者	组织院内学术研究工作；指导院内学术研究发展规划
2011	与浙江大学成立故宫学研究中心	学术研究机构	高校	加强与高校的学术联系；培养文博方面的研究人才
2012	开始定期举办"故宫讲坛"	学术讲坛	国内相关领域专家学者和普通群众	将学术研究成果与社会普通群众分享
2013	故宫研究院成立	学术研究与交流机构	国内外研究专家和学者	故宫学术研究；文博科研人才培养；促进国内外学术交流

注：此表格依据故宫博物院官网资讯整理而成。❶

　　从上面列出的具有代表性的学术研究事件可以发现，故宫博物院的学术研究在改革开放后变得更加开放，学术研究从来不是"闭门造车"式的研究，因此故宫博物院在 20 世纪 80 年代后加强了与其他研究单位和高校相关专业院系之间的联系，一方面，通过一起举办学术研讨会，增强了学术研究的氛围，同时也提高了故宫博物院在高校院所中的影响力，

---

❶　故宫博物院官网，https：//www. dpm. org. cn/about/about_chron. html。

特别是 21 世纪后"故宫学"学术概念的提出和发展，终于落地到高等教育中去，通过由故宫博物院的专家和高校的研究学者共同对学生展开指导，为故宫博物院的学术研究培养了新生后备军。另一方面，故宫博物院逐渐建立国际学术研究平台，提高了故宫博物院在国际上的知名度。故宫博物院的学术研究既上得了台面，又沉得下去贴近普通老百姓，"故宫讲坛"的出现，让故宫博物院深入贴近社会普通群众。从 2012 年开始，短短 8 年时间里，故宫博物院一共举办了 165 次"故宫讲坛"，特别是 2013 年到 2018 年，每年定期举办 22 ~ 24 次，这些专家学者用通俗易懂的话语，分享自身专业的学术研究成果，让社会普通群众也能直观地感受到故宫博物院的学术魅力。

4. 建设专业人才队伍

无论是古代社会对人才的求贤若渴，还是现代社会激烈的人才竞争，人才向来被看作宝贵的发展资源。于国家而言，科学技术就是第一生产力，而人才则是推动科技发展的重要引擎；于社会而言，人是社会基本组成单元，也是社会的基础，人才是推动社会进步发展的重要动力；于组织而言，其生存和发展更是离不开人才。所谓人才，指的是具备一定专业知识和技能的人。对于故宫博物院而言，对藏品文物的保管和修复需要专业技能型人才，在陈列展览方面需要业务型人才，在文物研究上需要学术研究型人才，在日常组织工作方面需要管理型人才，因此在专业逻辑的影响下，故宫博物院必须建立专业的人才队伍。

　　新中国的成立让故宫博物院从战时状态转变为和平快速发展时期，并且由于社会环境的变化，故宫博物院逐渐开始吸引群众的关注。"为庆祝北平和平解放，于 2 月 7 日至 2 月 9 日减价开放三天，并从 2 月 11 日至 3 月 5 日，特别接待中国人民解放军和民主人士来院参观……20 多天里，共计接待观众 23 万余人次。"❶ 这里需要了解的是 1950 年的故宫博物院全院职工只有 730 人，加上当时中国整体科学教育水平落后，故宫博物院各项业务缺乏大量高水平的专业人员，因此随着人们对故宫博物院关注度的增加，故宫博物院的发展也迎来了新的挑战。1951 年，故宫博物院成立群众工作部，组织培训了一批职工来为群众提供服务，如对来馆观众参观路线进行专业设计、为参观人员提供系统的讲解等。在这个时期，故宫博物院虽然在一定程度上开展了专业人员培养工作，但是并没有给予足够的重视，也没有成立一个专门部门来统筹规划。随着院内业务工作的不断展开，故宫博物院越来越认识到培养专业人才队伍的重要性，因此在 1954 年成立了人事部，有组织、有计划地开展全院的培训工作，在此后不断为故宫博物院输入各项业务技术工作的骨干员工和专家学者。

---

❶　王树卿、邓文林：《故宫博物院历程》，紫禁城出版社 1995 年版。

（四）多重制度逻辑的互动关系

结合案例分析可以发现，多重制度逻辑间存在动态平衡的互动关系，不仅有多重逻辑间主导权的冲突关系，而且多重制度逻辑间的制度要求也相互补充，呈现动态平衡的互动关系。在故宫博物院案例中，可以看到国家逻辑起着主导与控制作用，同时也对其他逻辑的偏好部分包容、允许并存。国家逻辑关注对故宫博物院的行政领导，并要求故宫博物院在稳定中发展，让院内形成以业务部门和行政部门进行设置的稳定的组织结构。不同阶段的领导对制度逻辑的注意焦点有所不同，强调控制会让国家逻辑表现出对主导权的渴望，而忽略市场逻辑和专业逻辑的要求，产生管理落后、运行低效、专业性降低等不良后果。

专业逻辑科学性和市场逻辑创新性的价值取向也会对以行政力量为代表的国家逻辑提出挑战，如更有效的专业运行规律在与外部力量的碰撞过程中，多次试图打破过去故宫博物院长期以来"三馆一处"的机构设置模式，让院内机构设置越来越细化，专业性和学术性不断增强，同时经营模式也展开了创新探索。

此外，国家逻辑、市场逻辑和专业逻辑三者间还有并存互补的关系，过去的研究常常认为不同制度逻辑间是不能相容的，但在故宫博物院组织结构的演变历程中，可以看到国家逻辑和专业逻辑始终并存，让故宫博物院形成重视"器物"的发展理念，而在新时期，国家逻辑的社会教育和公共服务要求与市场逻辑的塑造亲民形象要求相契合，让故宫博物院的发展理念产生了多种变化，从藏品转向人，三者形成了并存互补的状态。基于这个发现，能够对现有的制度理论观点做出补充：多重制度逻辑间的关系并非简单的冲突或者并存，而是相互包容、互补的平衡互动关系，同时也丰富了中国情境下制度理论研究的本土研究案例。

五、研究讨论

（一）结论

本研究关注多重制度逻辑对组织结构的影响，以故宫博物院的组织结构调整为例展开研究。研究发现，在不同逻辑的并存与交互过程中，一方面，主导逻辑会促使组织依据其内在要求做出特定的组织行为选择；另一方面，制度环境的发展会对既有的逻辑发起挑战，让不同逻辑间重新划定边界，并相互补充形成新的平衡格局。结合本书的案例研究，可以发现国家逻辑、专业逻辑和市场逻辑的不同要求让故宫博物院的组织结构发生变化。国家逻辑具有政治性，关注故宫博物院的领导层面，要求组织行动体现行政管理的要求、提供公共服务和社会教育功能，并起到文化引导和影响社会价值取向的作用。专业逻辑从博物馆组织的职责和功能出发，关注专业效率与专业规律，关注博物馆藏品的保护、展示、修复与研究，要求故宫博物院建立专业的人才队伍，对藏品管理提出了专业性要求以及陈列展览上的学术性要求。市场逻辑则是从博物馆经济收益和观众需求出发，成立了专门的市场化部门，一方面开展多种文创活动来拓展盈利模式，另一方面提升服务水平并建立良好的亲民形象。

基于上述研究，可以得出两个结论：一是中国本土制度环境下的多重制度逻辑的并存与交互，影响组织结构的调整和变化；二是多重制度逻辑间存在动态平衡的互动关系，既有主导权的冲突关系，也有相互补充的平衡关系。

（二）启示

从理论上看，组织结构是组织理论的重要研究领域，厘清制度逻辑对组织结构的影响机制，对制度理论的深入研究具有重要价值。早期的研究关注的是多重逻辑竞争下的以单一逻辑为主导的格局，而本书提出了不同制度逻辑互补共生的新的平衡格局，有助于推动制度理论视角的组织研究进一步拓展。

从实践上看，过去对制度逻辑和制度复杂性的研究往往关注的是西方制度环境，本书立足中国本土情境下的制度环境，通过博物馆组织结构的变化，可以清楚地看到多重制度逻辑参与其中。本书分析不同制度逻辑的要求，形成多重制度逻辑对博物馆组织结构的塑造机制，拓展了中国博物馆组织的管理实践。

从博物馆场域来说，市场逻辑的引入是故宫博物院文创事业的基点，故宫文创的成功引发了国内众多博物馆相继跟随，一改国内绝大多数博物馆产业发展模式比较单一的局面，文创产品的销售收入取代门票收入成为收入的重要来源，也是博物馆塑造形象的重要方式。博物馆的一系列市场化行为带来了整体的"博物馆热"，场域层面的这一逻辑变化，是故宫博物院组织层面的成功实践为制度场域的逻辑跃迁提供了机会，而场域层面的逻辑变迁塑造了其他博物馆的市场化行动。

第四章　文化研究的理论视角

有关微观组织文化的研究，自20世纪70年代兴起以来，至今热度不减。文化视角使我们对行为的解释，不再局限于个性特征或利益、理性这样的原因，还可以从文化的差异性来进行解读，及其合作者将文化研究的历史进程用两个浪潮来理解，第一波文化研究的浪潮发生在20世纪80年代，第二波文化研究浪潮发生在20世纪80年代末90年代初（Weber，Dacin，2011：287）。第一个阶段的研究将文化视为集体意义系统，对于解释个体、群体、组织、场域甚至国家的行为，都具有一定的说服力（Giorgi，Lockwood，Glynn，2015）。学者引用文化来解释纷繁复杂的各种行为及其结果，并且开始更系统地引用文化人类学、社会心理学和建构主义社会学来理解文化。尽管学派不同、视角不同，但早期的组织研究均强调文化的客观性和稳定性（Geertz，

1973；Pettigrew，1979；Trice，Beyer，1984），文化被理解为对个体的想法与行为进行限制的一种力量。社会生活中的大部分秩序和特有形式可由文化系统来解释，这样，就形成了将文化视为一种控制基础的看法（Smircich，1983；Scott，1999）。

在 20 世纪 80 年代末 90 年代初，社会科学中的文化分析发生变化（Weber，Dacin，2011：287），文化更多地被视为一种社会过程的要素，而不是与其他力量（如利益与理性）相对的规则（DiMaggio，1994；Dobbin，1994）。这样一来，出现了文化研究的第二次浪潮，将文化视为一个理论与方法的大透镜，而不是一个独特的研究课题，认为社会过程中的诸多力量都是在文化建构过程中出现的。组织和市场的很多重要过程，从市场上的竞争对手到制定战略的实践和个体的角色行为，都可以从文化的视角来理解（Weber，Dacin，2011），如如何为获取资源而讲述故事（Lounsbury，Glynn，2001），行动者如何将文化作为资源来自由地混合和匹配以适应他们的需要和利益（McPherson，Sauder，2013；Weber，2005），文化与政治机会如何被不同的行动者所采用来进行组织内的变革（Kellogg，2011）等。

两次研究浪潮的不同，主要在于对文化概念的认识和解读发生了变化。我们可以从中抽象出两个看待文化的视角：作为限制功能的文化和作为资源供应的文化。本书首先对这两个视角进行比较，然后着重探讨第二次浪潮带来的文化研究领域的一些新思路。

一、不同文化研究视角的对比

（一）作为行为限制的文化

早期的研究将文化视为共享的规范和内化的信念（Schein，1985），假设文化形成了行为，通过提供最终目的或者价值观来引导行为的方向（Longest，Hitlin，Vaisey，2013：1500），这使价值观成了文化的核心元素（Parsons，Shils，1951；Swidler，1986）。这种观点强调价值观是行动的动力，其理论渊源可以追溯到社会学的经典理论（Parsons，1951；Weber，1958）。人的行为是受观念与物质利益支配的，利益是行动的动力，但是人类行动要实现的最终目的和实现手段则是由观念决定的（Weber，1946：280）。社会系统的存在是为了实现它们的核心价值，价值观解释了为什么不同的行动者在面对相似的情境时会作出不同的选择。

文化就像一张意义之网（Geertz，1973；Lamont，Small，2008），引导并限制思想与行动（Schein，1990）。行动者之所以遵守规范，是因为其相信某种价值标准，而不是出于便利、私利或者自我利益的考虑（Scott，2008）。通过定义什么是人们需要的，文化形成了行动。

作为限制行动的文化，包含了丰富的象征性载体，包括

信念、仪式实践、艺术形式、纪念活动，还有非正式的文化
活动，如语言、八卦、故事和日常生活中的仪式。这些象征
的形式是手段，通过它们，一个群体内共享的行为模式和观
点的社会过程得以发生。也就是说，价值观的限制作用通过
这些象征的形式而得以具体地表达。

　　学者普遍认为价值观可能有多种来源，如组织内部、外
部相关利益者或者更大的制度环境。一种主要的观点强调创
始人和管理层将他们的个人价值观灌输到组织中（Barnard，
1938；Simon，1947；Schein，1985），并通过群体互动活动不
断地在组织成员中强化，并通过社会化过程向新加入组织的
成员进行转化（Van Maanen，1978）。仪式、实践、人工器物
和传统在文化再生产和社会化过程中扮演着重要角色（Schein，
1985）。

　　限制视角的文化观点，认为文化是稳定的，是能够作用
于组织整合内部管理过程和适应外部环境的一个重要手段
（Denison，Mishra，1995；Schein，1990），用以解决组织运作
与生存的基本问题，也是组织竞争优势的一个来源（Fiol，
1989），并能够增加组织行为的可预测性（Denison，Mishra，
1995）。研究者认为组织文化对组织成员的支配性是优秀企业
的本质特征（Peter，Waterman，2003），把强势文化与增加组
织绩效联系起来（如 Denison，1990；Gordon，DiTomaso，
1992；Siehl，Martin，1990）。

（二）作为资源基础的文化

作为资源的文化，这一概念成为近年来文化研究的一个新方向。斯维德勒在 1986 年的研究中，明确提出了一个文化研究的新视角，认为文化是一个文化资源工具箱，被用于开发不同的行动战略来实现不同的目的。这一观点在文化研究领域不断增加影响力（DiMaggio，1997），并带来了一系列有趣的成果（Rindova，Dalpiaz，Ravasi，2011）。

这一视角更强调个体和组织的能动性，将文化内容作为资源看待，关注行动者如何使用文化来实现自身利益（Lounsbury，Glynn，2001；Molinsky，2013），而不是仅遵循文化和被文化控制（如 Glynn，Giorgi，2013）。其中，有影响力的概念如文化工具箱或者意义建构的表达方式（Swidler，1986；Weick，1995），表明在使用文化时存在文化的多元化，包含了某种程度的选择与战略性行动（Weber，Dacin，2011）。

同时，对文化层次的分析范围也发生了变化，对文化的研究更多地采用了开放的视角（Harrison，Corley，2011）。早期文化研究更关注群体内部的价值观共享和象征性互动，而资源视角的文化不仅关注内部文化（一个社会群体内部成员的象征性互动），也涵盖了公共文化与内部文化的互动（比如外部受众，虽然不直接参与行动，但对组织及成员的活动进行观察和评估）。尤其是资源文化的观点认为组织可以使用的文化资源，是可以来自所在行业的场域，甚至是场域之外的（Weber，2005）。

　　文化概念的转变及其研究层次的变化，产生了不同的研究线索，并与不同视角进行了整合。比如，人类学家更关注在全球化背景下国际认知和跨边界的文化流动，市场和产业的社会模型中关注受众的评价（Hannan 等，2007；Lounsbury，Glynn，2001；Zuckerman，1999）、战略研究中的媒体影响和战略性沟通（Überbacher，Jacobs，Cornelissen，2015）。当然，这些想法在早期文化的研究中并不是没有，而是在近些年才更为集中地出现（Weber，Dacin，2011）。

　　这种跨层次的文化研究也进一步体现了文化的动态性，行动者可以利用外部文化资源来促进群体内部的文化变革和战略实施（Kellogg，2011；Rindova，Dalpiaz，Ravasi，2011）。

　　文化是变化多端的，而且常常是竞争性的（Scott，2008；Swilder，1986），所以资源文化视角下，文化具备模糊性和替换性（Giorgi，Lockwood，Glynn，2015），模糊性使文化可以由行动者进行不同的解读，从而促使文化成为资源。这也为文化提供了动态化视角。文化是由相对小的和独立的意义碎片构成的，其内部的资源包括图式的身份、框架、角色、故事和脚本（Weber，Dacin，2011：289），它们的意义与用途会因时因地而异（Scott，2008：145），被人们进行不同的排列组合来解决不同的问题。人们对于文化往往理解得更多，而对它的使用则是有选择的，根据要解决问题的性质而组合。

从目前已有文献中，我们进一步分析和提炼了两个视角的差异（见表4－1），接下来的部分是对上述文化资源视角的特点进行更系统的总结。

表4－1　两个文化研究视角的对比

	作为行为限制的文化	作为资料来源的文化
核心要素	价值观；规则	碎片化；象征性符号；过程
研究视角	制度视角；社会化	制度视角；政治视角；开放视角
研究层次	群体内部；亚文化	群体内部、外部公共文化
能动主体	创始人	企业家、个体成员、外部精英
存在状态	稳定性、持久性；清晰	动态性、变革性；模糊、可变
作用方式	限制；约束；可预期	行动资源的供应

二、文化资源的能动主体

文化资源是一种具有同质性的文化片段组合，就像一个蓄水池（Weber，Daclin，2011），行动者可以从这个蓄水池中获取所需的各种文化作为行动的资源。资源视角的文化强调个体在使用文化时的能动性，提出了文化企业家概念（Lounsbury，Glynn，2001）和创业的"重新组合"（Bricolage）概念（Baker，Nelson，2005），个体能够灵活地运用不同的文化资源来实现组织的目的。

（一）文化企业家

为了获取资源或者实现目的，企业家往往会使用文化工具（Rao，Sivakumar，1999），我们可以认为文化企业家是制度创业过程的一种行动角色，也就是说，文化企业家是制度企业家的一种类型。因为通过制度创业的过程（DiMaggio，1988），行动者可以运用文化资源来创造新的制度或变革已有的制度（Maguire，Hardy，Lawrence，2004）。

劳恩斯伯里和格林系统地介绍了文化企业家的概念，他们认为企业家必须是有技巧的文化运营者，通过文化工具箱中的资源来与相关的受众进行沟通（Lounsbury，Glynn，2001）。文化企业家可以通过讲述故事来满足合法性的要求和进行资源的获取（Martens，Jennings，Jennings，2007）。

除了获取资源，文化创业还体现在新制度的创造过程中。文化企业家能以合法性的方式、创造性地进行资源整合来传递创业的想法，在已有的场域中建立一个新的商业机会（Martens 等，2007），或者在一个成熟产业中创造一个新的细分市场（Weber，Heinze，DeSoucey，2008），或者创造一个全新的制度（如巴黎歌剧院，见 Johnson，2007）。

在这些文化创业的过程中，企业家需要具备适应性建构能力，这使其能更好地理解文化，并能在独特性与趋同间进行选择来构建不同的身份诉求，从而成功地获取资源

（Überbacher，Jacobs，Cornelissen，2015）。

（二）专业人员

在现代社会，专业人员逐渐起着独特而重要的作用（Scott，2008），作为制度性的能动者发挥着各种各样的作用。不同的场域情境下，发挥能动性的专业人员是不同的，可能包括学者、法学家、会计师、管理人员等，他们对制度的建构起着实质性作用。就文化工具角度而言，他们可以通过身份（Identity）和框架（Framing）来动员文化资源，从而促成集体性的行动。

专业人员的能动性可能表现在制度规范的建立中。比如，法国主厨群体利用主流文化符号的漏洞，来宣扬新的职业身份，通过引入新的烹饪方法而改变了法国烹饪制度（Rao 等，2003）。也可能发生在组织内部的身份塑造上，如在亚特兰大，交响乐团存在两类专业群体：音乐家和管理者，制度资源分配应该与专业身份的合法价值是一致的。作为来自不同专业背景的行动主体，两类专业人员的身份所包含的要素是矛盾的，身份的冲突引导了行动者对文化资源的使用，从而对身份重新加以定义（Glynn，2000）。

专业人员也能够借助文化资源的力量来影响组织内部的制度变革。凯洛格（Kellogg，2011）对比了三个医院的医生如何使用文化资源的不同行为进而产生了制度变革或不变的结果，发现借助文化资源成功地进行变革的医生群体，借助了外部合适的制度机会，形成内部的文化工具和政治工具，对二者的同时利用促成了组织变革的成功。

（三）组织管理层

文化作为工具箱模式不仅适用于个体层次，而且适用于组织层次（Weber，2005：228）。在公司的管理过程中，可以从管理层与公司相关利益者的互动活动来分析行动者对文化工具箱的使用，并形成竞争战略和建立人力资源管理的不同规定（Weber，2005）。奥卡西奥和约瑟夫（Ocasio，Joseph，2005）的研究也针对管理层与外部相关利益者的互动，发现了管理层通过改变文化工具箱中的公司治理概念来回应外部制度环境的变化。林多瓦等（Rindova 等，2011）则研究 Alessi 这家公司的管理层如何努力地通过将新文化资源整合进其文化资源表，并在不断应用新文化资源的过程中，发现新的行动战略。

这些研究都较为关注组织的管理层如何使用文化资源，并且强调了文化的开发视角，组织的文化资源是来自所在产业的文化领域或者制度环境中的文化资源的子集，组织的能动性体现为对这些外部文化资源的灵活引用。

（四）外部精英

早期的文化研究关注一个文化群体的内部互动，文化是共享的，并有限制作用，将外部受众视为外部文化群体，扮演观察者的角色。资源文化视角是一种开放的文化分析模式，第三方公众不仅是被动的接收者，还包括拥有评价权利的评估者，因而分析中需要考虑这些评估人的角色。

比如，韦伯和其同事在分析食草动物肉类市场的文化创业活动时，探讨了文化精英打破者的作用。精英文化打破者能够向消费者群体解释文化符号的内涵，如记者可以扮演这种角色，如果他们与社会运动共享文化，并且理解运动中的文化符号，那么他们将成为文化受众的有力影响者（Weber，Heinze，DeSoucey，2008）。

对于需要从外部获得投资的组织来说，分析师这类专业人士的行动会对投资人的投资决策产生重要影响（Giorgi，Weber，2015）。分析师可以通过提高评论、新闻和建议来影响受众（不仅包括投资人，还包括消费者和供应商）。背后的动机是，行动者期望通过影响受众认知框架的方式来为自己和其工作构建一个积极的形象（Elsbach，2003）。而且，他们还发现，高地位专业人士相较于低地位专业人士，更能影响受众对信息的解读。

琼森和布尔（Jonsson，Buhr，2011）研究发现，在瑞典共同基金市场的快速发展过程是伴随着公众对共同基金投资的理解的。作为媒体的报社对组织的产出有影响，而媒体在场域中所处的位置可能对媒体起调节作用。

三、文化的作用方式和影响机制

早期的研究关注同一个文化群体的内部互动，大家共享文化，而文化资源视角则持有一种开放的观点，将文化视为内部资源与外部资源进行对话的沟通框架，可以借助多种方式与外界发生联系。

（一）象征管理与意义建构

文化限制的研究视角，将文化视为影响行为的价值观与信念，并非一种能动的力量，忽略了文化在意义建构方面的作用。而文化作为资源的视角，则强调在文化的作用过程中，象征管理和意义建构是塑造身份和获得合法性的机制，是文化行动者须具有的一种能力。

为了回答文化企业家如何使一个新企业开发文化方面的竞争力，乌伯巴赫及其同事通过对一个公共部门外包公司的研究，开发了一个整合适应性意义建构与象征管理的文化技能模型。他们强调在变成有技巧的文化行动者的过程中，许可驱动和自主驱动的意义建构过程十分必要。这两个意义建构过程反复地、渐进地帮助企业家获得文化认知并加深他们对文化框架的理解，提高了其发展和扩展文化的能力，从而更好地从资源拥有者手中获取关键资源，进而取得成功

（Überbacher，Jacobs，Cornelissen，2015）。

文化资源引导受众评价和推动相关群体行动方面，也可以通过象征管理和意义建构的作用来进行。例如，在全球化的过程中，场域内的行动者使用嵌入不同经济与政治结构中的文化框架来引导评论和形成公众兴趣。根据行动者的社会地位和利益，在媒体报道和新闻中促成文化框架的形成，以此来影响公众对全球化的看法（Fiss，Hirsch，2005）。

（二）讲故事

故事是文化的组成部分，通过故事可以将文化内涵中的意义表达出来。在人类学、心理学、社会学和管理学领域的文化研究中，故事都被作为文化的重要方面。故事可以帮助一个组织建构社会身份和组织形象，从而获得外部相关者认可的合法性（Suddaby，Greenwood，2005）。在资源视角的文化研究中，学者也强调故事作为一种文化作用机制会影响资源的获取和组织的成功（Lounsbury，Glynn，2001；Martens等，2007）。

文化创业可以被视为一个故事讲述过程，是调整外部创业资源、资本获取和财富创造的结果。劳恩斯伯里和格林通过对高科技产业和共同基金产业的研究发现，讲故事是一种文化创业的能力，创业故事实际上是向网络中的投资者、竞争对手等来展示合法性的，这些人根据这些故事来决定资源和战略行动。所以，讲故事能够帮助企业家获得竞争优势，是其更好地获得两种创业资本的形式：企业专有资本和产业层次的制度资本（Lounsbury，Glynn，2001）。

在获取资源的过程中，一个企业现有的资源可以成为吸引更多资源的杠杆（Martens 等，2007）。讲故事还可以通过表达组织的核心目标和实践来进行意义建构，从而获得合法化的集体身份（Wry，Lounsbury，Glynn，2011）。当讲述的故事能够将与一些外部受众有共鸣的要素加以整合时，故事会起到有效的作用（Benford，Snow，2000）。

（三）身份塑造

很多研究者认为身份是文化过程中的一个因素，从文化的形成（如 Pettigrew，1979）到文化的变革（如 Kellogg，2011），身份在多个层次上被视为文化过程中的重要参考因素（Giorgi，Lockwood，Glynn，2015）。身份是连接行为与深层意义系统的纽带，行为需要借助相关的身份来引起文化规范和意义的变化。所以，作为资源或工具的文化，需要借助身份来使文化战略行动得以实施。

林多瓦等学者（Rindova 等，2011）的研究表明，Alessi这个家居企业，从几个文化场域处（如艺术、人类学领域）引用文化资源来丰富组织内部的文化工具箱，重新定义了组织身份，成功地对内部文化进行扩展，使产品获得新细分市场的认同。

文化资源也通过影响职业身份而产生行动。比如，在格林（Glynn，2000）的研究中，两类不同的职业身份引导了行动者对文化的使用，职业身份决定了哪种资源被强调和使用。在凯洛格（Kellogg，2011）的研究中，三个医院的医生在使用组织从外部获取的文化工具中的替代身份，通过重树集体性的身份"完整的医生"来共同创造有利的文化变革。在拉奥等学者（Rao 等，2003）的研究中，法国的主厨通过对现有文化资源的混合和匹配来将其职业身份定义为创新身份或传统方式，由此来决定原料、备料和食物的呈现方式。

身份还可以在组织内部和外部通过对受众和参与者产生影响的方式，来帮助文化资源动员和引导行动（Giorgi，Lockwood，Glynn，2015）。

（四）社会动员

文化一直嵌入更大的社会场域中。文化作为意义与资源之间相互交织的结构，涉及其所处的广泛文化与政治背景（Lounsbury，Ventresca，Hirsch，2003），当文化的行动不再仅仅与个人的应对和意义建构相关，而是联系到社会的和组织的变革，政治视角就要加以考虑（Weber，Dacin，2011）。所以，在文化发生能动性的过程中，政治作为背景和行动的特定因素往往是伴随发生的，并且常常通过社会运动的方式进行。个体在一定的政治背景下灵活地使用文化资源来改变观念和实践（Berezin，1997），在社会运动中来框架化变革的方向和实施（Weber 等，2008）。

动员这一概念，让我们注意到，在创造新组织的动员过程中以及使集体行动获得各种意义与身份的建构过程中，动员都为被压制群体追求其利益提供了渠道和机会（McAdam，McCarthy，zald，1996；McAdam，Scott，2005）。行动者利用已有的文化资源来促成制度的变革，通过身份确认和框架，激励集体性行动。例如，法国精英主厨利用主流文化符号的漏洞来宣扬新的职业身份，改变了法国烹饪制度，引入了新的烹饪方法（Rao 等，2003）。又如，凯洛格在对医院的研究中，将文化与政治技能和资源联系起来解释为什么以及在什么时候，拥有相同文化工具的组织成员会主动地进行变革，并产生不同的结果（Kellogg，2011）。凯洛格研究的是自下而上的变革努力，将制度系统的政治维度与文化维度加以区分，来解释为什么一些组织成员勇于挑战现状而另一些却不能。他认为不仅行动者的资源是重要的，组织内外的政治与文化机会结合也是重要的（Weber，Dacin，2011）。

行动者也可以在社会动员中，通过引入其他文化领域的资源来扩展自己的文化工具箱，以匹配他们的目的。例如，慢食运动借助了美国环境运动的工具来重新定义好的食物，以建立对其主张的支持（Rao，Giorgi，2006）。劳恩斯伯格（Lounsbury，2001）研究了大学生如何借助国家回收联盟的文化工具，来推动校园里的回收实践。

社会动员过程中，也可以进行身份建构。比如，韦伯等分析了食草动物肉类细分市场的建立过程，探讨了如何通过动员已有的网络与文化符号来建立能被内部和外部识别的新集体身份（Weber，Heinze，DeSoucey，2008）。

四、文化的作用结果

（一）实现内部变革

文化研究者将文化作为资源的观点已经展示了雇员如何有技巧地使用文化资源和行动战略来改变文化，或者在面对变革的压力时支持和维护文化（Howard – Grenville 等，2011；Kellogg，2011；Rindova 等，2011）。

凯洛格（Kellogg，2011）研究了文化自下而上的内部变革动态，强调变革的成功，有赖于内部人员对于外部制度机会的解读以及在内部将文化与政治技能结合。她发现了内部变革的成功依赖于组织内外制度化的系统和条件所提供的政治与文化机会。沃瑟曼和弗伦克尔（Wasserman，Frenkel，2011）则研究了如何借助文化资源来影响身份以实现自上而下的变革。霍华德－格伦维尔（Howard – Grenville 等，2011）则在个体经验层次上研究文化变革，解释了个体如何在特定情境下获取新的文化资源，以促成渐进式的文化变革路径。

（二）获得合法性

合法性是组织可以从环境中获取的一种文化资源（Scott，2008：111），组织的合法性就是组织得到文化支持的程度（Meyer，Scott，1983：201）。比如，企业创始人在创业过程中，使用包含了象征性的语言和行动，会更快地获得合法性的认知（Aldrich，Fiol，1994）。但是由于所强调的制度基础要素不同以及受众所考虑的制度要素不同，合法性的证据、指标就有所不同。这样，如果文化作为单一或者静态的价值观，在某些情境下就会面临合法化的困境。而将文化视为资源或者工具箱，则能使组织或行动者更灵活地根据受众的特征匹配组合不同的文化资源，构建战略文化行动，帮助组织得到合法性，并进一步从中受益。

劳恩斯伯格和格林（Lounsbury，Glynn，2001）的研究，展示了创业企业家如何通过讲故事的方式使用文化资源，如何根据创业的目的和所处产业的合法化程度来决定创业故事的内容，使一个新的企业变得被外部熟悉、理解和接受，进而获得合法性。怀里等的研究检验了集体身份获得外部合法性的过程，是通过组织讲述给外部的故事而文化地进行调节的，一致连贯的故事，尤其是在文化上与身份呼应的故事，能够建立合法性和成员身份表达，但是讲述故事要求成员积极协调来化解可能的身份矛盾产生的威胁（Wry, Lounsbury, Glynn, 2011）。

（三）获得资源

文化本身作为一种资源，扮演着沟通框架的角色，可以帮助企业从外部获得更多的资源。比如，创业者尝试从资源拥有者手中获取关键资源的过程中，其通过文化技能来采取象征性的行为，进行象征性的耦合和去耦，努力达成公共部门的购买协议。讲述故事也是获取资源的手段，使新创企业借助故事这种文化资源，获取投资、获得资本，进而产生新财富。

韦伯等学者（Weber 等, 2011）研究了如何利用文化符号来与消费者沟通，赢得消费者的认同，从而创造一个新的需求。林多瓦等学者（Rindova 等, 2011）则探讨了文化资源如何应用于新战略的形成，从而使 Alessi 这家企业获得了新的市场定位。

（四）实现制度变革

在制度变化过程中，文化能够扮演重要角色，行动者可以通过文化资源影响相关群体。研究制度变革往往需要借助社会运动作为分析视角，很多研究都表明了其在制度变革中的作用。拉奥等人（Rao 等, 2003）研究发现，法国主厨利用文化的符号性资源来建构新的职业身份，通过引入新的烹饪方法实现了法国烹饪制度的变革。

而且，文化可以用于一个全新制度的出现过程中。在巴黎歌剧院创始过程中，文化企业家通过整合环境资源和与外部相关利益者的互动，决定如何从环境提供的要素中进行创造和重组，从而促成新组织形式的出现（Johnson，2007）。

第五章　文化的微观影响：
组织认同与个体行为

一、引言

　　个人与组织之间如何搭建起有效的桥梁，这是心理学、社会学和管理学都关注的一个问题。相关的研究视角、核心概念非常多，从制度化、角色化到激励、心理契约、组织沟通等，研究者试图通过这些视角和途径来揭示个人与组织的互动如何影响个体行为的有效性。

　　组织文化是组织理论的一个重要研究领域，为组织日常生活的复杂现象提供了一个解释手段，同时也成为一种新的激励和控制员工的途径，管理者期望利用价值观来鼓励员工作出承诺和提高生产效率（Martin，2002）。这样，如何在组织文化与个人行为之间搭建有效的桥梁，也成为组织管理研究的一个重要议题。已有的组织文化相关研究主要关注两个方面。

一是组织文化的概念和结构。有关组织文化的概念内涵和结构的研究，从组织文化的概念提出以来一直是这个领域研究重点，学者从隐喻视角和变量视角、个人层次和组织层次来分析组织文化的概念和结构，并用定性和定量两种方式来进行阐述（Schein，1985；Denish，1995；Hofstede，1990；Chatman，1992；郑伯壎，1990；Xin，Tsui，2002）。部分学者对中国文化背景下的组织文化与西方标准的相似性和差异性进行了规范性研究，并得出了华人组织文化的若干维度（郑伯壎，1990）。

二是组织文化的影响结果。组织文化对组织绩效和员工行为的影响，早就成了研究者的共识，甚至成为很多研究的前提。研究者把文化与增加组织绩效联系起来（如 Denison，1990；Gordon，DiTomaso，1992；Siehl，Martin，1990），并进一步提出文化—绩效的关系存在。威尔金斯和奥奇的研究结果表明，在某些特定类型的工作群体和组织内，文化对绩效有更重要的决定作用（Wilkins，Ouchi，1983）。

而关于组织文化影响员工行为的机制和过程的研究至今仍少受关注，文化作用的"黑匣子"还有待进一步的研究来揭示。本书尝试从组织文化的社会化过程入手，根据已有的相关研究来逐步探讨组织文化影响员工行为的机制。

第一，通过研究组织文化社会化与组织认同的关系、组

织认同对员工行为的作用与影响，探讨组织认同在组织文化
社会化和员工行为关系中的作用。

组织文化通过社会化过程，被员工认知和了解（Schein，
1968；Louis，1980；Fisher，1986），这是组织文化影响员工
行为、成为激励手段或者控制手段的前提。组织文化社会化
程度的高低，影响着文化对员工行为的塑造程度（Chao，
1994）。而组织社会化对员工高效工作行为和态度的影响作
用，往往并不直接产生，组织认同是其中的一个重要过程。
社会化过程使个人对于组织文化和价值观形成一定的认知，
在这个基础上，个人重新认识自己在组织中的角色和身份，
个人倾向于把自己和组织看成命运共同体（Mael，Terick，
1992），形成组织认同，组织认同对员工的工作态度和动机具
有决定作用（Lee，1971），对于员工更高的工作投入和组织
公民行为有预测作用（Lee，1971；Ashforth，Mael，1989；
Dutton，Dukerich，Harquail，1994）。

第二，引入个人—组织价值观契合变量，进一步深入分
析组织文化社会化与组织认同的关系。

组织文化的社会化过程，形成了个人对组织价值观的认
知，而组织价值观要对员工行为产生影响，取决于个人对组
织价值观的接受程度，也就是二者的契合程度。契合程度成
为影响组织认同程度的一个重要原因，契合程度高，个人对
组织的认同程度也会高。

本书期望通过以上两个部分的研究，将个人—组织价值

观契合和组织认同两个概念引入组织文化影响员工行为的作用过程中，用来解释组织文化的作用机制。

二、理论背景与研究假设

（一）组织社会化过程中员工的文化认同

1. 组织文化社会化与员工行为

组织文化可以被视为存在于特定组织内的具有共享性的意义系统，能够为组织行为和组织惯例提供指导诠释框架，用于处理组织内外的问题（Schein，1985；Hofstede 等，1990；郭建志，2003）。一般而言，组织文化的核心元素指的是组织成员"一致"或"共享"的价值观或信念（Louis 等，1983；Rousseau，1988）。

很多研究已经探讨和部分证实了组织文化对组织绩效的影响（Siehl，Martin，1990；Kotter，Heskett，2008），认为组织文化对组织成员的支配性是优秀企业的本质特征（Peter，Waterman，2003），强势的组织文化是美国企业持续成功的驱动因素（Deal，Kennedy，1982）。组织文化通过影响组织成员的价值观、工作态度，进而影响其工作努力程度、工作方式，并最终影响组织的财务绩效（李海、张德，2005）。

虽然组织文化是共享意义上的，但是特定组织的成员，尤其是新进入者对组织文化仍存在一个认知、了解、学习的过程，研究者把这个过程定义为社会化过程（Schein，1968；Louis，1980；Fisher，1986）。组织文化的社会化过程是组织文化被员工习得的过程，是文化能够影响员工行为的基础和前提。因此，本书引入组织文化社会化这一概念，来衡量组织文化被员工认知、了解和接受的程度。

组织文化的社会化过程是一个持续的过程，对新员工来说，组织文化社会化是不断学习并适应组织文化，使自身行为与工作要求、环境期望一致的过程；对老员工而言，组织文化社会化是适应工作环境和组织角色不断调整的过程。也可以把组织文化的社会化看成个人为了适应所在组织的价值体系和行为规范来调整自己的态度和行为的过程。当我们把组织文化看成一个组织的某种固有的特征时，文化社会化过程用来解释这种文化被成员认知和了解的过程，社会化程度表明文化被认知、被了解和被接受的程度，而且，这种社会化程度与组织成员的组织行为是相关的（Feldman，1976）。赵（Zhao，1994）通过研究也发现，包含组织文化在内的社会化对员工职业生涯效能有显著的正向影响。

由此，本书尝试探讨组织文化的社会化程度与组织成员行为（包括角色内行为和角色外行为）的关系。本书用员工工作投入来衡量员工的角色内行为。工作投入是员工处于一种持久的、充满着积极情绪与动机的完满状态，并以活力、奉献和专注为其主要特征（Schaufeli，2002）。卡农戈（Kanungo，1982）认为工作投入是一种联系着成员行为的心理认同的认知或信念状态。组织文化社会化程度越高，员工的工作投入程度就会越高。用组织公民行为来衡量员工的角色外行为。组织公民行为指员工的行为是一种组织层面的功能性行为，是超出了角色规定范围的行为，而不是合同契约上写明的行为（Smith，Organ，Near，1983；Organ，1990）。社会化过程强化了个人对组织文化和价值观的认知程度，当个人接受组织文化和价值观时，个人也就更容易表现出组织公民行为。

根据上述论述，可以得到如下假设：

假设1a：组织文化社会化程度与员工工作投入正相关。

假设1b：组织文化社会化程度与员工组织公民行为正相关。

2. 组织文化社会化与组织认同

组织认同来源于社会认同理论（Mael，Tetrick，1992），是社会认同的一种具体表现形式（Ashforth，Mael，1989）。根据社会认同理论的分析体系，个人趋向于把自己和他人按组织类别、性别、种族等分类标准进行社会分类（Tajfel，1982），通过这种分类，一个人能够在特定社会背景下对自己进行定位和定义，形成个人独特的身份特征（如身体特征、能力、心理特点、兴趣等）和社会身份特征。对这种社会身份特征的认同，也就是与其所在群体产生一致性的感觉。

从社会分类到个人产生认同，经过的首先是个人通过分类确定身份，尤其是社会身份特征，其次由这种身份特征与其所在的群体的身份特征相比较，产生一致性的感觉，这种感觉就被称为"认同"。从这个逻辑出发，组织认同就有了一个基本的假设：必须基于个人身份特征和组织身份特征（Organization Identity）的一致性，组织认同才能产生。

组织认同是联系组织身份特征与个人身份特征的一种认知程度，是组织成员认为个人的身份特征与组织身份特征的一致程度（Dutton, Dukerich, Harquail, 1994; Meal, Ashforth, 1992）。组织认同的水平反映的是个人自我概念内涵与组织角色的紧密程度（Dukerich, Golden, Shortell, 2002），本质上是员工用组织的身份特征来定义自己。组织认同是个人定义和组织定义的认知桥梁（Dutton, Dukerich, Harquail, 1994），也是组织成员的个人身份特征与个人对组织形象知觉的重合（Scott, Lane, 2000）。

在组织文化的社会化过程中，随着组织成员对文化的认知和对组织价值观、信念、使命、目标的了解，个人也在不断地对自己进行定义和分类（Ashforth, Mael, 1989），对组织文化认知、了解和接受程度越深入，组织成员就越倾向于用组织身份特征来定义自己。同时，组织文化及其核心内容——组织价值观，又是组织一个独特的、持续的、核心的特征，是组织身份特征的重要部分，在组织身份特征的吸引下，员工也就更容易形成个人与组织在身份特征上的重合，形成较高的组织认同。

过去的研究表明，组织成员对组织文化的知觉程度会影响员工组织认同的水平（Cheney，Tompkins，1987），组织文化的六个维度都与组织认同有正向的、显著的联系（Schrodt，2002）。而组织文化的社会化程度，也是包含了组织文化被知觉的一个概念，因此组织文化社会化对组织认同有积极影响。而关于组织文化社会化的相关研究也表明了组织认同是组织文化社会化的一个结果变量（Chao 等，1994）。组织认同受到组织文化社会化的影响，组织文化社会化程度的高低影响着组织认同程度的高低。

假设 2：组织文化社会化程度与组织认同正相关。

3. 组织认同与员工行为

组织认同使员工将组织的命运与个人的命运紧紧地联系在一起，对员工的行为有一系列直接影响。个人趋向于选择与个人身份特征一致的行为，并且支持能够包含这些身份特征的组织。组织认同感越强，成员越容易把组织看成个人的延伸，个人的行为、决策、活动更有可能与组织的利益一致（Cheney，1983；Albert，Ashforth，Dutton，2000）。组织认同感越强，越容易遵守组织规定（Pratt，1998），越容易激发成员完成组织的目标（Ashforth，Mael，1989）。强烈的组织认同感使得个人表现更倾向于协作的组织行为，能够提高满足组织需要的动机水平，降低离职率（Wiesenfeld，Raghuram，Garud，2001）。积极的组织认同也会增加成员承诺、动力、卷入度和组织满意度（Pratt，1998；Van Dick，2004）以及成员的组织公民行为（Dutton 等，1994；Bergami，Bagozzi，2000；Dukerich 等，2002）。

根据上述前人研究的结论，我们可以假设组织认同与员工工作投入水平及组织公民行为的关系，即组织认同感越强，成员的工作投入就越多；组织认同感越强，个人与其他成员间的合作越多，在成员间形成内聚力，也会导致组织公民行为增多。

假设 3a：组织认同与员工工作投入正相关。

假设 3b：组织认同与员工组织公民行为正相关。

4. 组织认同的中介作用

上述分析说明这样一个线索：组织文化通过组织认同对员工行为产生影响，这个影响的作用机制是组织文化社会化—组织认同—员工行为。组织文化通过社会化过程被成员认知和了解，这种社会化的程度会产生组织认同，而组织认同又进一步影响员工行为（在本书中，员工行为用工作投入和组织公民行为两个变量来表示）。

假设 4：组织认同在组织文化社会化程度与员工工作投入和组织公民行为的关系中起中介作用。

（二）价值观契合与组织认同

组织文化社会化通过组织认同来对员工行为产生影响，组织认同在组织文化和员工行为之间建立了一个桥梁。这样，组织文化以及组织文化社会化对组织认同的影响过程、组织文化社会化通过何种机制与组织认同产生联系，就成为另一个需要关注的问题。

1. 组织文化社会化与个人—组织价值观契合

组织文化的概念虽然众说纷纭，但是不同的概念和内涵之间仍然有内在的一致性，组织文化的核心是价值观这一观点得到广泛的认同。大部分组织文化的研究者都同意价值观系统是组织文化定义的关键元素，是组织文化的实质所在（Wiener，1988）。很多学者认为价值观应该被视为组织文化的研究重点（O'Reilly，Chatman，Caldwell，1991）。

当把价值观作为组织文化的核心时，组织文化社会化的焦点也就成为价值观被组织成员认知、了解和接受的过程。因此，组织文化社会化首先会影响到价值观被接受的程度，影响个人与组织之间价值观的相容性、一致性和匹配情况。

个人与组织价值观的一致程度，就是个人价值观与组织价值观的契合度。在 20 世纪八九十年代，研究者尝试以组织文化概念来分析组织中的个人和团体行为（Smircich，

1983；Trice，Beyer，1984），并提出了个人—组织文化契合度这个概念（O'Reilly 等，1991）。而组织文化的核心为价值观，所以个人价值观与组织价值观的一致性就成为个人—组织文化契合度研究的关键所在。

价值观提供了一个起点，与员工甄选、组织文化社会化过程共同作用，以保证个人价值观能与组织价值观相契合（Chatman，1991）。甄选过程中，员工会选择与自己价值观相近的组织，而组织也会选择与自身具有相似价值观的员工（Schneider，1987）。在社会化过程中，员工在学习、认知和了解组织文化、组织价值观的同时，也在调适自己以适应组织，追求个人与组织的一致性，其中就包含了价值观一致的内涵。组织文化社会化的程度，直接影响到个人—组织价值观契合度的高低。只有经历了社会化过程，个人逐步了解和接受组织文化和价值观，这个时候才会出现个人价值观与组织价值观的契合。员工在组织价值观方面的社会化会积极影响个人与组织的一致性（Kristof，1996），员工在价值观方面经过调适之后会与组织价值观相似而融合。

假设 5：组织文化社会化与个人—组织价值观契合正相关。

2. 个人—组织价值观契合与组织认同

价值观契合为组织认同提供了前提和基本条件。社会化过程强化了个人对组织价值观的认知，并促使个人和组织通过调整来扩大两者之间的一致性，从而促进和强化个人对组织的认同感。

组织认同表示的是个人身份与组织身份的一致性、重合性，表达出个人对组织独特的、持久的、核心的特征的接受程度。个人的组织认同，从本质上看，实际上主要是价值观的认同。因此，组织认同的形成和认同程度的高低，必然受到个人价值观与组织价值观契合程度的影响。价值观契合程度越高，则个人知觉到的组织身份特征与个人的自我概念越相似，而这更有利于个人保存自我概念的连续性，因而组织身份特征对个人更具吸引力，组织认同感随之增强（Dutton，Dukerich，Harquail，1994）。

假设6：个人—组织价值观契合与组织认同正相关。

3. 个人—组织价值观契合的中介作用

根据上述分析，组织价值观成为一个链条，把社会化过程、个人—组织价值观契合和组织认同三个重要的概念联系起来，社会化程度能够积极影响个人与组织的价值观契合，而个人—组织价值观契合与组织认同正相关。本书认为，组织文化社会化通过个人—组织价值观契合对组织认同产生影响。因此，提出如下假设：

假设7：个人—组织价值观契合在组织文化社会化与组织认同的关系起中介作用。

（三）整合的研究框架

以组织文化为切入点，本书试图解决的问题是组织文化通过何种机制对员工的行为产生影响。根据以往相关研究的结论和概念之间的联系分析，本书提出了假设：组织文化通过社会化过程被组织成员认知、了解和接受，从而影响员工行为。研究之一揭示了组织认同在组织文化社会化影响员工行为的关系中起到中介作用；研究之二进一步揭示了个人—组织价值观契合是组织文化社会化与组织认同关系的中介变量。整个研究框架如图 5-1 所示。

图 5-1　研究框架

三、方法

（一）样本

在重庆 7 家高科技研发与制造业国有企业的员工发放调查问卷共 500 份；给 7 家企业的领导发放问卷 35 份，每家企业发放 5 份。员工问卷回收 422 份，除去一些缺省数据较多的问卷和明显有回答偏差的问卷，最终有效问卷为 390 份，有效回收率为 78%。领导问卷回收 35 份，全部有效。进入数据分析的员工样本中，男性占 59.2%；平均年龄为 35.45 岁；平均工作年限为 13.45 年；研发类人员占 49%，生产类人员占 25.1%，营销类人员占 17.9%；在受教育程度方面，本科以上高学历人数占总样本数的 83.9%。这样的样本特征基本反映了高科技研发与制造业国有企业员工在职年限较长、学历较高的特征。

（二）测量

本研究中，问卷中的变量测量都采用 1~7 的 7 点评价刻度，1 表示"完全不同意"，7 表示"完全同意"。研究中包含的变量有员工工作投入、组织公民行为、组织文化社会化、组织认同、个人—组织价值观契合等。

（1）员工工作投入。采用肖费勒等（Schaufeli 等，2002）的工作投入量表（UWES）。量表包括活力、奉献和专注三个维度。本书条目采用李金波（2006）等的中文翻译，该量表的测量特性也已得到验证。本研究中三个维度的内部一致性系数 Cronbach's α 分别是 0.881、0.930 和 0.902。

（2）组织公民行为。采用王彦斌（2004）在郑伯壎（2001）的基础上修改的组织公民行为量表，该量表在国有企业员工测量中已得到验证，包括热心组织事务（3 个条目）和对组织事务负责（5 个条目）两个维度。本研究中，两个维度的内部一致性系数分别为 0.785 和 0.839。

（3）组织文化社会化。针对组织文化所包含的历史、语言、价值观等内容，本研究采用了超（Chao 等，1994）的组织社会化量表与文化相关的条目。对 50% 的样本做探索性因子分析，删除一个交叉负荷和一个负荷很低的条目之后，三因子结构明晰，分为组织历史、组织语言、组织价值观和目标。对另一半样本做验证性因子分析，三因子结构的拟合指数是：$\chi^2/\mathrm{df} = 2.39$，GFI = 0.88，NFI = 0.94，CFI = 0.96，RMSEA = 0.085，三因子结构能够较好拟合。本研究中，三个维度的内部一致性系数分别是 0.862、0.802、0.912。

（4）组织认同。采用梅尔和阿什福斯（Mael，Ashforth，1992）的 1 维度 6 个条目的组织认同量表。在三位企业管理专业博士生双向翻译后，由两名组织与人力资源系教授确定最终的中文翻译。其量表包括"当有人批评公司时，我感觉受到了个人侮辱""公司的成功也是我个人的成功""我对其他人怎样看待公司很感兴趣"等 6 个中文条目。本研究中，该量表的内部一致性系数为 0.886。

（5）个人—组织价值观契合。本研究采用间接测量，即以评分方式，分别测出个人与组织的特性，选择契合度指标，反映个人与组织的契合程度。在操作上，本研究采取个人评价期望价值观、领导评价实际价值观的客观契合。由员工作答组织价值观问卷，答出其个人理想或期望的价值观；领导也作答同样的组织价值观问卷，答出组织的实际价值观。在

测量指标上，本研究采用差距指标 $\dfrac{\sum |X_i - Y_i|}{N}$（其中，$X_i$ 代表员工评分，Y_i 代表领导评分，N 代表题项数），通过线性转换来计算个人与组织的契合度。由于企业文化存在跨文化差异，组织价值观的测量主要参考魏钧、张德（2004）和郑伯壎（1990）的中国组织价值观量表。本研究在客户取向等六个维度上采用魏钧（2004）的条目，并在企业反馈的基础上，在此六个维度上各增加了 1 个条目，这样每个维度包括 5 个条目；另外，将"追求一流"和"创新精神"两个维度的条目增删合成了新的 5 个条目。

我们随机选取 50% 的子样本进行了探索性因子分析，结果证实了七因子结构，解释了 66.47% 的变异量。表 5－1 显示了因子分析的结果。

表 5－1　中国组织价值观探索性因子分析结果

条目	卓越创新	平衡兼顾	社会责任	员工成长	顾客导向	和谐共处	制度权威
欢迎新鲜事物	0.692						
乐于尝试冒险	0.679						
富于创新精神	0.642						
主张变中求胜	0.607						
抢占市场先机	0.594						
效率与公平兼顾		0.744					
刚性与柔性管理结合		0.727					
工作结果与过程并重		0.676					
全局与细节平衡把握		0.593					
企业与个人利益并重		0.582					

续表

项目	卓越创新	平衡兼顾	社会责任	员工成长	顾客导向	和谐共处	制度权威
振兴民族产业			0.755				
热心公益事业			0.683				
多为社会造福			0.677				
承担社会责任			0.622				
赤诚报国之心			0.569				
绩效高，收入高				0.750			
有职业安全感				0.707			
注重培训学习				0.665			
晋升机会较多				0.572			
鼓励员工发展				0.551			
客户利益第一					0.773		
追求客户满意					0.735		
能为顾客着想					0.683		
急客户之所急					0.681		
坚持客户至上					0.664		
相互尊重合作						0.743	
待人宽容平和						0.696	
善于处理冲突						0.580	
员工忠于企业						0.550	
相处融洽和睦						0.524	
讲究从严治企							0.711
要求严格自律							0.610
强调铁的纪律							0.608
无人逾越制度							0.594
一切遵照制度							0.553

对随机抽取的另一半子样本进行了验证性因子分析，$\chi^2/\text{df}=2.41$，$\text{RMSEA}=0.087$，$\text{CFI}=0.96$，$\text{NNFI}=0.96$，$\text{IFI}=0.96$，此因子结构可以接受。本研究中，组织价值观"卓越创新"等七个维度的内部一致性系数分别为：0.871、0.865、0.821、0.872、0.798、0.862 和 0.809。本研究综合 35 个条目取平均值，就得到了组织价值观测量量表（Cronbach's $\alpha=0.946$）。

（6）控制变量。相关人口统计变量，包括年龄、性别、受教育程度以及企业服务年限等，会与组织认同和员工行为有联系。在假设验证过程中，这些变量都得到了控制。

四、结果

表 5-2 显示了研究变量的描述性统计和相关关系。零阶相关检验表明：（1）组织文化社会化与员工工作投入（$r=0.56$，$p<0.01$）和组织公民行为（$r=0.43$，$p<0.01$）正相关。（2）组织文化社会化与组织认同正相关（$r=0.48$，$p<0.01$），与个人—组织价值观契合正相关（$r=0.19$，$p<0.01$）。（3）组织认同与员工工作投入（$r=0.66$，$p<0.01$）和组织公民行为（$r=0.61$，$p<0.01$）正相关；组织认同与个人—组织价值观契合正相关（$r=0.29$，$p<0.01$）。这些数据表明，组织文化社会化、组织认同、个人—组织价值观契合以及员工工作投入、组织公民行为之间的零阶相关模式与假

设一致。

表 5 – 2 描述统计与相关系数表

变量	均值	标准差	1	2	3	4	5	6	7	8
性别	0.62	0.55								
年龄	35.12	8.31	– 0.02							
受教育程度	3.93	0.58	0.177**	– 0.26**						
企业服务年限	13.38	9.90	– 0.09	0.87**	– 0.34**					
组织文化社会化	4.43	0.44	0.09	0.08	0.08	0.10				
组织认同	5.23	1.07	– 0.01	– 0.00	0.00	0.02	0.48**			
个人—组织价值观契合	5.00	0.34	– 0.07	0.03	0.09	0.06	0.19**	0.29**		
员工工作投入	5.11	1.06	0.08	0.14**	0.01	0.12**	0.56**	0.66**	0.26**	
组织公民行为	5.62	0.81	0.00	0.06	0.06	0.07	0.43**	0.61**	0.29**	0.62**

注：$N = 390$。** 表示 $p < 0.01$，双尾检验。

（一）组织文化社会化与员工行为：组织认同的中介效应检验

根据巴伦和肯尼（Baron，Kenny，1986）提出的检验中介效应的三步法，本研究中中介变量须满足三个条件：（1）组织文化社会化与组织认同能显著影响员工工作投入和组织公民行为；（2）组织文化社会化能显著影响组织认同；（3）当把组织认同加入组织文化社会化与员工行为的回归方程时，组织文化社会化和员工行为间的关系会不显著（完全中介），或与组织认同没加入前相比有所削弱（部分中介）。回归结果如

表 5 – 3 所示。

表 5 – 3　组织文化社会化、组织认同与员工行为层级回归分析表

变量		组织认同	员工工作投入			组织公民行为		
			M1	M2	M3	M1	M2	M3
控制变量	性别	-0.045	0.083	0.036	0.060	-0.004	-0.039	-0.016
	年龄	-0.066	0.108	0.134	0.168 *	-0.003	-0.014	0.022
	受教育程度	-0.044	0.040	-0.026	-0.003	0.098	0.048	0.071
	企业服务年限	0.013	0.050	-0.052	-0.059	0.133	0.055	0.048
研究变量	组织文化社会化	0.491 **		0.555 **	0.300 **		0.422 **	0.161 **
	组织认同				0.519 **			0.532 **
	R^2		0.029	0.327	0.533	0.014	0.186	0.402
	ΔR^2		0.029 *	0.298 **	0.206 **	0.014	0.172 **	0.216
	F		2.851 *	37.260 **	72.714 **	1.318	17.530 **	42.919 **

注：$N = 390$。* 表示 $p < 0.05$，** 表示 $p < 0.01$。表中系数为标准化系数。

在加入性别、年龄、受教育程度和企业服务年限等控制变量之后，组织文化社会化与工作投入显著正相关（$\beta = 0.555$，$p < 0.01$），与组织公民行为显著正相关（$\beta = 0.422$，$p < 0.01$），假设 1a、1b 得到支持。组织文化社会化与组织认同显著正相关（$\beta = 0.491$，$p < 0.01$），假设 2 得到支持。组织认同与工作投入（$\beta = 0.519$，$p < 0.01$）以及组织公民行为（$\beta = 0.532$，$p < 0.01$）显著正相关，假设 3a、3b 得到支持。在组织认同与组织文化社会化共同进入回归方程后，组织文化社会化的系数仍然显著（$\beta = 0.300$、0.161，$p < 0.01$），但

都有所削弱。所以，假设 4 得到部分支持，组织认同在组织文化社会化与员工行为（员工工作投入与组织公民行为）的关系中起部分中介作用。

（二）个人—组织价值观契合的中介效应检验

组织文化社会化对组织认同有显著预测（$\beta = 0.491$，$p < 0.01$），在此前提下，表 5 - 4 给出了组织文化社会化与组织认同关系中，个人—组织价值观契合的中介效应检验的层级回归结果。

表 5 - 4　组织文化社会化、个人—组织价值观契合

与组织认同层级回归分析表

变量		个人—组织价值观契合	组织认同	
			M1	M2
控制变量	性别	- 0.029	- 0.045	- 0.039
	年龄	- 0.091	- 0.066	- 0.047
	受教育程度	0.106 *	- 0.044	- 0.067
	企业服务年限	0.156	0.013	- 0.021
研究变量	组织文化社会化	0.174 **	0.491 **	0.454 **
	个人—组织价值观契合			0.213 **
	R^2		0.236	0.279
	ΔR^2			0.043 **
	F		23.717 **	24.696 **

注：$N = 390$。* 表示 $p < 0.05$，** 表示 $p < 0.01$。表中系数为标准化系数。

在控制性别等变量影响后，组织文化社会化与个人—组

织价值观契合正相关（$\beta = 0.174$，$p < 0.01$），假设 5 得到支持；个人—组织价值观契合与组织认同正相关（$\beta = 0.213$，$p < 0.01$），假设 6 得到支持。在个人—组织价值观契合与组织文化社会化共同进入回归方程后，组织文化社会化的系数仍然显著（$\beta = 0.454$，$p < 0.01$），但较之单独进入回归方程时的系数（$\beta = 0.491$，$p < 0.01$）有所降低，假设 7 得到部分支持，个人—组织价值观契合在组织文化社会化与组织认同的关系中起到部分中介作用。

根据上述假设检验结果，本研究最初的研究框架调整结果如图 5 - 2 所示。

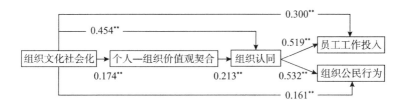

图 5 - 2　研究变量路径系数

五、积极认同的构建

以往研究组织文化与认同的文献，主要关注组织认同对行为的积极作用（如高工作满意度、低离职意向等），而忽略了组织认同可能产生的消极作用；过度地强调提高组织认同程度，而没有意识到高组织认同状态也不一定对组织和个人有益。正是由于组织认同存在不同的状态，所以我们在研究组织认同的影响作用时，不能单方面讨论问题，需要分析组织认同的消极作用并探讨积极组织认同感的形成。

（一）作为变量的组织认同

认同是一种心理状态，也是个体心理依赖的一种表现形式，当个人将组织特征的定义应用于自己的定义时，这种心理现象就会发生。当认同发生时，个人趋向于把自己和所属的群体、组织看成是交织在一起的，优点和缺点、成功和失败都是共同分享的，是命运的共同体（Mael，Tetrick，1992），并且认同也包含着价值观和情感意义（Smidts，Pruyn，Van Rie，2001）。

组织认同是一个程度性变量，是可以衡量的，同时也是变动的。组织认同的基本内容是个人身份特征与组织身份特征的重叠部分，每个人所感知到的组织身份特征是不同的，而每个人自己的定义和身份特征则更加不同，因此对组织的认同在程度上是有差别的。同时，组织认同是动态的概念，随着某些个人因素、某些组织因素和某些环境因素的变化，组织认同也会发生变化。组织认同不是明确的、固定的概念，其动态和变动的属性必然导致个人对组织认同会随时间的推移而变化（Schrodt，2002）。

这样，可以把个人对组织的认同过程看成一个连续的过程，个人的组织认同程度随着组织文化社会化的作用过程、个人价值观与组织价值观形成契合的过程、个人对组织的情感依赖形成过程等不同方面的作用，不断地发生改变。在组织认同形成的动态过程中，组织认同在每个时点都会形成不同的状态，组织文化社会化的程度越高、个人价值观与组织价值观一致性越强、个人对组织的情感依赖越深，组织认同的程度也会越高。

但是由于个体具有多种类型和丰富个性，同时又有多种个体因素和组织因素，不同成员的组织认同状态会有所不同。虽然管理者和研究者都期望组织认同能够维持在较高水平，并产生正向的组织行为，但现实往往是更为复杂的。组织认同过程受到多层次的、复杂的因素影响，包括个人层面因素、组织层面因素和环境因素，这些因素会导致不同的组织认同结果。组织认同的状态反映了组织文化被组织成员接受和共享的不同程度，也表明了个人与组织命运共享关系的强弱。

（二）组织认同的扩展模型——四种不同的认同状态

我们把组织认同放在一个连续的区间来考虑，根据组织认同的原始定义——个人与组织形成的命运共同体关系来分析组织认同，把认同和背离作为组织认同的两个方向（或者两个维度），可以大致把组织认同分解为 2×2 维的四种状态（Dukerich，Kramer，Parks，1998；Elsbach，Kramer，1996；

Kreiner，Ashforth，2004）。组织认同在认同和背离（不认同）这两极构成的区间内，组合成了强烈的认同、矛盾的认同、无关心认同和强烈的背离四个状态。

背离是指个人把自己从组织中积极地分化出来，个人不认同组织价值观和目标，也没有对组织产生命运共同体的心理感受。而认同则表示个人高度的归属需求，减少个人与组织之间区别性的愿望，个人价值观与组织价值观形成了高度一致的状态。认同强调的是个人与组织的相似性、联系性，而背离强调的是个人与组织的区别性。

无关心状态是指个人不关心自己的价值观是否与组织价值观一致或者相似，既不支持组织的价值观，也不反对组织的价值观，个人的自我定义受到组织价值观的影响很小。组织价值观没有成为个人对自己身份定义的核心内容，而且在某种程度上，个体也不在意他是否归属于某个组织。个人价值观与组织价值观的一致性程度很低，这种无关心状态下认同程度非常低。

矛盾的认同状态是指个人对组织既有认同的成分又有背离的成分，个人对组织的某些特征、某些价值观是认同的，而对另一些特征和价值观是否定的、不认同的。两种矛盾的状态同时存在，一个人对同一个组织产生了两种对立的认同结构。例如，一个组织中的会计可能认同组织的创新价值观，同时又不认可组织在研发上的过高投入和研发人员的高工资。这种矛盾的认同状态使个人可能表现出很多矛盾的认知和行为。

强烈的背离状态，是指个人特征与组织特征、个人价值观与组织价值观之间没有特别相似或者一致，而且，个人价值观与组织价值观似乎在向相互背离的方向运动，二者的距离不断增加。这种强烈的背离状态发生在个人与组织之间没有重合、个人不需要用组织的价值观来影响自己、个人不需要用组织身份来定义自己的时候。例如，具有独特个性的个体，不认为自己属于任何一个组织，反对组织宣扬的所有价值观和组织身份特征，在向他人介绍自己的时候不以组织身份来介绍。这种强烈的背离状态是个人与组织之间认同程度的最低点。

强烈的认同产生于个人与组织之间的价值观高度一致、个人身份特征与组织身份特征高度重合的时候。这种状态下，个人的组织认同感非常强烈，组织价值观和身份特征成为个人定义的主要成分。强烈的认同强调集体性，而不是个性。个性可能会在这种极端认同的情况下被抹杀，组织的身份特征代替了个人的身份，组织的价值观代替了个人价值观。组织特征与个人特征之间的区别性被最小化，看不出个人的独特个性。

（三）组织认同不同状态的消极作用

1. 强烈的组织认同

强烈的认同状态强调组织的包容性，而个人的区别性和差异性需求被最小化。组织成员的自我意识逐渐消失，个体的独特性被集体性所限制，个人形成与组织不可分割的强烈信念。

然而事实上，组织成员的角色仅仅是个人在社会环境中诸多角色中的一个，组织能够赋予个人的仅仅是自我意识的一部分。组织价值观和身份特征在个人价值观形成过程中的作用也是有限的，组织不可能提供一个人有关自我认识的丰富内涵，个人需要从其他的角色来源来丰富自我的内涵。

过度的认同既有积极的作用，又有消极的作用。一些组织要求个人进入组织后经历"去个人化"过程，将个人完全融入组织，这可能会成为个人积极行为和组织高效产出的动力。对于一些人来说，过度认同一个组织会满足他们的其他身份角色不能满足的某些需求，如一个刚刚经历了家庭变故的人可能会通过对组织的强烈认同而获得心理上的依赖；刚刚搬到新生活环境的个人对工作组织的强烈认同会代替生活上情感需求的满足。过度认同的消极作用表现为：在个人情感成长方面，如果仅仅存在组织一个维度的身份，个人的情感需求得不到全方位的满足，个人的身份也过于单一。如果组织消失了（如破产和被收购），强烈认同组织的个体就会发现自我迷失，难以定义个人的身份。

组织文化和价值观在这种认同状态下，对个人行为的无意识控制程度达到了极限。个人的自我身份被剥夺，组织价值观对个人价值观的影响程度最深，个人对组织的情感依赖也最强，却不一定能保证个人产生积极的组织行为，因为这种强烈的组织认同已经超越了组织文化应该拥有的对个人行为的支配程度。

2. 强烈的背离

强烈的背离可能是在个人的"区别性"需求主导个人的需求时所产生的。一个人需要把自己从集体中脱离出来，需要完整的、独立的个人人格，借此来表达个人的独特性，最大限度地降低个人与其他人的相似性。

在强烈的背离状态下，个人对组织产生了本能的抗拒，对个人与组织的一致性视而不见，毫无理由地反对组织的规范和要求。强烈的背离感能够操纵个人在组织中的行为，使个人变得麻木僵硬。为了满足个人独特性的需求，强烈背离感使个人主观地产生自己对环境的解释，一些中立的事件也可能被用反面的方式来解释。这种背离的态度会成为个性的一部分，反过来又强化这种认同的背离感。

个人对组织的背离也会对个人行为产生消极的影响。成员会相信他们违背组织的价值观和目标是正确的，导致怠工、反抗或者针对组织和其他成员的极端行为。此外，强烈的背离还可能形成对其他组织成员的不信任，无论是否有证据来支持。即使个体接收的信息不支持这种假象的不信任，其也会主观地重新解释这些信息，使之与个人的不信任假想一致。这种由认同的背离所造成的条件反射式反应，导致组织中值得被信任的成分被抛弃、好的方面被否定。持有强烈背离感的个人被组织和其他成员视为不满现状的人，组织和其他成员会逐渐忽视这种成员的态度和行为。

强烈的背离感也会给个人人格的完整带来很大的压力，与组织身份和组织价值观背离得越远，个人在组织中感受到的压力越大。个人的情感需求、个性需求得不到满足，个人与组织的关系会变得疏远，更谈不上组织文化和组织价值观被个体成员共享。

3. 无关心认同状态

一些组织中存在这样一类人：他们个性独特，找不到角色模仿的榜样，以至于他们不能在组织中发展出真实的自我（Ibarra，1999）。这类个体可能是独特的，同时也难以形成对组织的认同感。他们不会认同也不会模仿在特定组织生存所需持有的价值观，也无法形成对其组织的情感依赖，这就是无关心认同状态。

无关心认同状态是个体对组织认同缺乏兴趣，个人对组织的认同感和背离感都处于不正常的低水平。无关心状态是一种反常状态，个人没有形成对组织的认同感，也没有形成对组织的社会依赖状态。无关心状态可能导致的一个后果是：个人对组织和其他成员漠不关心，个人没有和组织建立应有的联系，可能使个人产生没有寄托的感觉。

无关心认同状态使个人与工作组织之间缺少联系，个人与组织之间也缺少相互影响。事实上，由于缺少认同，个人会采取不同的手段来与组织相互作用，而这可能对其他个体产生威胁。当处于无关心认同状态的个体，希望能够形成组织认同却难以实现这个愿望的时候，他们会形成子群体文化，进而产生一种替代性的群体认同。当这些子文化包含了某些违背组织行为规则的价值观时，组织也可能容忍或者视而不见。这样，如果处于无关心认同状态下的个人能够从组织中得到其他补偿（如工资福利）、一种替代性的认同（如子文化认同），或者能在组织外发现其他的认同时，个人与组织的关系仍然能够维持。

无关心认同状态可能出现在组织并购中，这时的个体不能识别身份特征。新组建的组织不能提供充分的和连续的有关组织文化、组织价值观的信息，个体接收的信息也可能是凌乱的、不一致的，这使个人难以形成对组织文化和价值观的整体了解。这种信息的不确定性会导致个人主观地解释组织文化和价值观，进而形成不协调的组织身份认知假设，产生个人与组织间的信任危机。

无关心认同状态下，组织文化和组织价值观被个体忽视，组织融入的手段往往不能起到积极的作用，价值观影响过程也难以发挥作用。这种认知的结果往往是个体和组织建立不了密切的联系，组织文化难以形成对个人行为的无意识控制，个人与组织也不可能形成命运共同体的关系。

4. 矛盾的组织认同

矛盾的认同是个体同时存在对组织的认同和不认同两种

认知状态所形成的一种矛盾的认同状态。矛盾的认同会在认同和背离之间形成一个张力，产生一种个人身份的不均衡感。这种不均衡感会形成一种不稳定的状态，个人会产生类似于角色冲突的压力。然而，这种冲突还不同于角色冲突，因为其涉及了价值观成分，比角色冲突更为复杂。

由冲突造成的个人和组织的不协调，使个人产生认知调整的压力，个人面临认同或者进一步背离的选择。在这一选择过程中，个人需要不断搜寻证据来支持自己的认同选择或者背离选择（Petty 等，1981）。有关组织文化、组织价值观的各种信息都会把个人转向较为强烈的对组织的认同或者背离。在这种情况下，组织影响个人行为的那些信息的影响作用会增强，组织会尤为重视对这些信息的管理，以增加它们促进认同形成的作用。一旦这种不均衡状态暂时得到解决，个体的认同或者背离的强度就会增加，可能形成极端的认同或者背离；而且，还可能产生这样一种情况：个人根据组织的激励、沟通或者威胁，形成组织认同和背离在不同的时间分别居于主导地位。当个人的情感需求和群体归属需求居于支配地位的时候，这种不均衡就更可能向组织认同的方向转变；而当组织处于动荡或者混乱时期，个人与组织间的心理契约就容易被破坏，这时个人的背离感会被强化。

个人价值观和组织价值观在这种状态下的一致性很低，或者个人对组织价值观的认知和了解并不充分，二者没有产生很高的重合性；组织身份特征也没有被充分融入个体身份特征。但个体处于变动的边缘，组织价值观融入的手段和信息沟通手段都会对认同程度产生影响，管理者在这种情境下更容易使管理手段发挥作用。

（四）积极的组织认同状态的构建

以上扩展的组织认同模型中包含的四种认同状态，是通过把个人对组织的认同和不认同推到四个极端时所形成的状态，对组织和个体的行为和态度都有消极影响，都不是理想的组织认同状态。过去，研究者往往忽视了这些极端情况的存在，直接研究组织认同的积极影响。而事实上，组织认同的积极作用是存在于在某种程度和状态之下的，并不是说有强烈的组织认同就能够预测积极的、正向的个人行为。组织认同需要在一个积极的区间内才能发挥积极的作用。

因此，我们需要对积极的组织认同状态做一个简要的分析，期望描绘出有益于组织管理和个人发展的组织认同状态，并在这种积极的认同状态下继续研究组织认同对成员行为的影响。

1. 成员多层次需要的满足

组织中成员的需求是多个层次、多种形式的，个人也有自己所追求的目标。同时，组织也需要成员的贡献才能实现组织的目标和组织存在的意义（Barnard，1938；Simon，1976）。组织的每个参与者接受来自组织的诱因作为其对组织作贡献的回报，如果组织提供给个体的诱因与要求个人作出的贡献一样大或者比其更多，那么个人会持续为组织作贡献。

组织成员的需求是多层次、多方面的，组织可以提供多种诱因来保持个人与组织之间的诱因贡献平衡，包括：物质诱因，组织支付给员工的能够以金钱衡量的物质，是最强有力的诱因；非物质诱因，能够显示个人的优越、权利、支配地位的机会。工作时良好的物质条件，这也是保持成员工作动机的重要诱因；理想方面的恩惠，这是最强有力的而又常常被忽视的诱因，包括对自己能力的自豪感、利他主义价值观、忠诚等。此外，还有广泛的工作参与机会、组织支持感、有吸引力的价值观等诱因。

组织为满足个人的多层次需求会使用很多管理手段和沟通方式。组织文化是其中一个重要内容，组织文化能够通过组织认同形成过程对成员的动机和需求给予满足，积极的组织认同，能够满足组织成员的安全、归属和减少个人与组织间不确定性关系的需要。个人认同组织的动机多数都是超过了自身需要以外的人类基本需要，多是安全、归属和减少不确定性。心理上的安全需求和信任需求是自我一致性和自我能效动机的核心（Erez，Earley，1993）。人类是具有意义寻找特征的动物，认同组织的过程和寻找角色定位的过程帮助个人减少不确定性，尤其是在新的工作组织中或者处于变化的环境中。积极的组织认同过程为个人把握自己的世界提供一种秩序，通过个人与组织的联系为个人提供深层意义，减少不确定性。

组织认同把个人放在了一个更为安全的个人与组织关系之下，个人的行为因此会有所改变（Aronson，1992）。积极的组织认同满足了个人的社会性需求，归属感是组织认同为成员提供的最大满足。积极的组织认同可以帮助组织成员克服社会孤独感，是现代组织中个人应对社会分层的心理反应（Dunham等，1994）。积极的组织认同能够修复劳动分工给工人们带来的疏远感。

在积极的组织认同状态下，在个人的基本需求得到较大程度满足的同时，个人的社会性需求，包括安全需求、归属需求和减少不确定性需求也都能够得到满足。这为个人提供了继续为组织作贡献的诱因，增强了个人与组织之间的密切联系。个人认为组织是适合个人工作的场所，不会寻找新的雇主，对组织有积极的情感，相信除了这个组织没有更好的组织能满足他们的需求（Mathieu，Zajac，1990）。

2. 个性特征得到一定程度的释放

个体身份和角色是具有丰富来源的，由组织文化和组织特征带来的身份规定性只是个人身份的一部分；个人在组织中的角色仅是个人在社会中的多个角色中的一个。无论是正式组织的角色化、结构化、制度化过程，还是由组织文化形成组织认同的过程，个性特征都不可能被完全抹杀，个人不可能成为绝对的“组织人”。

组织形成和存在的基础，是大家共有的目标、需求、个性追求，是每个有差异的个人目标、需求、追求的共同部分。组织是这个共同部分目标明确化、结构形式化、职能角色化、规范制度化的"上层建筑"。虽然组织管理技术的进步使组织对个人行为和心理的支配和影响达到了空前程度，造就了今天所谓的"组织化社会"（Galbraith，1967；Chandler，1977），但并没有改变上述组织形成和存在的基础。组织管理过程中，无论是共同的目标、战略、制度规范、业务流程、业务规范对个人行为的约束和调整，还是激励报酬、晋升、职业发展等对个人行为的引导和调节，抑或其他管理手段和职能，始终都不应偏离这个基础。这是组织管理的基本前提，管理者对此必须始终保持清醒的认识。理想的组织认同状态是组织所形成的规范和角色界定给个体身心积极成长留有必要空间，个性特征和个人追求能在组织中得到较高程度的满足和实现。

虽然，我们研究组织文化的目的是期望通过组织文化形成组织认同的过程来分析成员的行为和态度，但这种理想的结果不是极端的组织认同完全成为个人身份的象征，不是组织文化对个人的无意识完全支配。我们期望的是组织认同为成员的个人身份提供一个更可依赖、更为现实的来源，同时保留个人原本的特性。

3. 适度的组织价值观共享

组织价值观并不能代替个人价值观，也不可能提供一个人有关自我认识的全部内涵。个人价值观也是有丰富来源的，受到成长经历、过去生活环境、受教育的程度和方式、社会价值观等多种价值观来源的塑造和影响，组织价值观并不能提供给一个人生存和发展所需的全部价值观信念。而个人价值观和组织价值观之间某种程度的不一致，也往往成为组织创新和变革的动力。

一方面，在积极的认同状态下，个人根据组织的形象和价值观来重塑个人形象（Dunham 等，1994），个人吸收组织的价值观和目标，并把组织价值观和目标作为个人决策的前提（Cheney，1983）。从管理视角来看，组织认同使成员根据组织价值观和组织利益来进行决策，即使是在没有监督的情况下。

另一方面，在积极的组织认同状态下，组织价值观与个人价值观之间保持一定程度的一致，而不是完全一致。组织价值观没有完全替代个人价值观，个人价值观仍然在支配着个人的组织外行为和组织价值观未能影响的其他个人行为。

4. 个人对组织有适度的情感依赖

组织认同使个人形成与组织成为命运共同体的心理状态，能够满足个人的情感归属需要。从情感角度看，组织认同形成过程是个人对组织产生情感归属的过程，个人在组织认同的形成过程中满足了自身的归属需要。当个人的情感归属需要得到满足时，个人与组织形成一种安全型的依附关系，组织成员才对组织产生真正的认同。

积极的组织认同，要建立在个人对组织适度的情感依赖基础上，使个人产生一种协调的内心感受，感知到个人与组织的命运共同体关系。这也是组织认同从认知到价值观再到情感的一个自然发生的过程。适度的情感依赖，会使个人对组织忠诚，增加个人对组织的贡献意愿。

这里，我们强调情感依赖的适度性。适度的情感依赖，与个性的释放和允许个人价值观存在是一致的。而高度的个人对组织的情感依赖，则会束缚个性、忽视个人需求，也会过度地影响个人价值观，会产生极端的组织认同状态，使个人产生消极行为。

六、研究讨论

（一）组织文化对个体行为的影响机制

本研究的目的是从组织文化的社会化入手，研究组织文化影响员工行为的内在机制。理论分析得到的作用机制是：组织文化通过社会化过程被组织员工认知、了解和接受，这种社会化过程和社会化程度对员工的行为有直接影响，但同时也会通过员工的组织认同来进一步影响员工的行为。组织文化的社会化过程，能够增加个人对组织文化和价值观的了解，使个人对组织身份特征有更清晰的认知，随着这种社会化程度的加深，个人会进行新的自我分类和自我身份特征的定义，个人身份特征与组织身份特征的重合性有了更强的基础，个人会产生一定程度的组织认同。组织认同对员工的行为有直接的影响，而组织文化对组织认同的影响，其中还有个人—组织价值观契合的作用。组织文化的核心是价值观，组织文化社会化使员工了解和接受组织价值观，也就使个人—组织价值观契合程度随之变高。这种个人—组织价值观的一致性程度的高低，会对组织认同程度的高低产生影响。个人组织的契合会增加个人的自我连续性，使个人的自我定义保持一致性，组织认同也就随之产生。

对理论分析所形成的假设用实证的方式加以验证。根据理论分析的内容，用组织文化社会化、组织认同、个人—组织价值观契合、员工工作投入和组织公民行为五个变量来进行分析，量表来自国内外的成熟量表。其中，组织价值观量表是根据魏均（2004）量表，进行了一些调整和增加。应用探索性因子分析、验证性因子分析、信度分析、描述性统计分析、层级回归等统计手段，使假设均得到或部分得到统计分析结果支持。

通过理论分析和实证研究，组织文化影响员工行为的机制有了一个清晰的框架。个人—组织价值观契合和组织认同作为这一机制的内部过程，对组织文化转化到员工个人层次起到了连接作用。价值观作为一个基本线索，贯穿这一过程。

这一研究揭示了组织文化的作用过程，为组织文化在组织管理中的重要作用提供了一个更为清晰和明确的解释，也为研究组织文化提供了另一种视角。

最后，研究通过对积极认同状态的构建，为员工认同组织的状态提供了一个"度"的粗略界定，为组织文化更好地发挥作用提供了理论指导。

（二）对管理实践的启示

从组织文化社会化的角度来考察组织文化对个人的影响过程和作用机制，不仅有助于进一步廓清组织文化的个体转化过程，同时也为管理实践中的文化管理提供了思路。组织文化的传播、灌输过程，本质上就是组织与个人互动的社会化过程，在此过程中，契合与认同是实现文化管理效果的关键要素和基本途径。管理实践中，对员工进行组织文化培训、沟通等社会化手段和过程是必需的，但更为重要的是管理者须意识到契合与认同的重要意义。

首先，组织文化是建立在共享意义基础上的，文化管理要从社会层面的共有意识中寻求资源、了解组织大多数成员的心智模式、发掘出既符合组织意图又与"共有"意识和员工意识有交集的价值观意义体系，在此基础上的文化传递才有可能获得成功。只有这样，组织才能真正帮助员工获得意义，利用文化资源诱发出员工符合组织目标的行为。其次，要注意把握影响组织文化社会化过程中契合与认同的关键要素。不仅组织文化和价值观本身会影响文化社会化程度，基本诱因满足、组织外部形象、沟通互动水平等也会影响员工的组织认同，控制和提升组织在这些方面的表现有助于组织文化的个体转化。

就中国企业文化管理实践而言，组织声望、组织的独特性都会影响员工对组织身份的感知和组织认同。具有鲜明特色，并且符合外部环境规范、社会认同的具有"合法性"的组织，更容易激起员工因为附属于组织而带来的自尊和荣誉感，因而更容易激发员工的组织认同感。通过品牌传播、企业社会责任行为等塑造积极的社会形象和声誉，不仅对企业市场竞争大有裨益，对内部员工认同也有促进作用。同时，企业要深入体会仍然支配着社会大众思想和行为的传统文化和价值观，虽然要突出个性，但不能打破和违背某些基本的深层文化规则。只有在重视和控制这些要素的条件下，组织文化才能塑造积极的组织身份，在个人价值观与组织价值观相契合的基础上引起、调动和强化员工的组织认同，从而引发员工在组织目标观照下的组织行为。

（三）局限和未来研究方向

研究的某些局限仍然要引起我们的注意。第一，虽然针对个人—组织价值观契合，我们采取了间接和客观式的测量，但其他变量大多数都来源于同一员工的自我报告，通过这种方式收集的数据会存在同源偏差问题，可能会不适当地放大研究变量之间的关系，在进一步研究中此类问题需要在研究设计中多加考虑和控制。第二，我们已经注意到了价值观测量的跨文化差异所在，从而采用了中国情境下开发的量表，但组织文化社会化和组织认同等变量同样需要更加本土化的测量量表，在这些方面的改善无疑会增加研究的效度。第三，只源于高科技制造业国有企业的样本和数据，总是会减弱我们对于本研究外部效度的信心。第四，与员工个体相关的变量，如个人初始信念强度会影响员工在组织文化社会化和价值观内化过程中的表现（Kraimer，1997），由于受本研究目的的限制，我们并没有将这些变量纳入研究框架，这在将来的研究中可以进一步完善。

第六章 文化的微观影响：
共享价值观的形成

  大部分组织文化的研究者都同意价值观系统是组织文化定义的关键元素（如 Barley，Meyer，Gash，1988），是组织文化的实质所在（Wiener，1988），认为价值观应该被视为组织文化的研究重点（O'Reilly，Chatman，Caldwell，1991）。

  从一般意义上看，价值观是一种共享的意义系统，它是人们在特定环境中进行选择的深层原因（Parsons，1960）。组织价值观，是存在于组织内的一种价值观，价值观的持有主体和影响对象是组织及组织成员。因此，基于价值观的定义，我们可以将组织价值观视为组织内存在的一种规范性的信念，一旦形成就能影响组织成员的态度和行为。

  本章关注组织价值观对个人价值观的影响过程和机制，由此来把握由成员所共享的组织文化的构建过程。

一、研究思路与框架

对组织价值观可以这样加以定义：它是一个组织中的成员所共同拥有的基本原则和信念，是组织作为一个整体对其内部和外部的事物、过程的看法，表现在组织的目标、信仰、行为规范上，影响成员的态度与行为。价值观也是组织制度、英雄人物、符号、典礼、仪式及其他组织文化表现形式的基础，这些表现形式从根本上看都是组织价值观的体现。

组织价值观对个人产生影响，一般会通过影响个人价值观、个人模仿和接受组织价值观的过程而形成。对这个价值观的影响过程或者接受过程分析的结果，也能够反过来用于分析共享的组织文化或者组织价值观的形成。

为了研究组织价值观对个人的影响过程，这里首先引入价值观支持平台和有关价值观的组织图式两个概念范畴，以之作为分析工具来把握价值观影响过程。

组织价值观影响个人价值观的过程，开始于个人感知到的价值观不一致的压力，个体不断获取价值观信息的行为会对价值观支持平台产生冲击，进而导致组织价值观图式的动态变化过程，在这个持续的动态变化过程中，组织成员形成了共享的组织价值观。这个动态过程如图 6-1 所示。

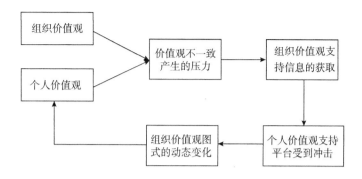

图 6 - 1　组织价值观的影响过程

二、价值观影响的两个分析工具

（一）价值观支持平台

无论是个体价值观还是社会群体价值观，都不是先天固有的，也不是人们头脑中主观自生的，而是在一定的社会环境中和实践活动经历中逐步形成的，是主体在实践活动中通过自我意识对社会存在、社会生活的创造性把握。

这里借用格里塞里（Griseri，1999）的观点，引入价值观支持平台这个概念。价值观支持平台是由多种引导并维持个人信念的不同因素组成的一个混合体，价值观受支持平台内部的因素指引。这些关于价值观的因素是由一个线索贯穿而成的，即共同支持个人价值观的存在和维持。构成价值观支持平台的各个因素，如实际存在的种种信念、特殊的范例等，都只是这个平台里面的一个成分，需要与其他成分共同作用才能支持价值观。价值观支持平台的构成因素，为价值观提供了情感和认知上的指引，价值观可以通过对这些看似杂乱无章的因素的解释而被了解。价值观支持平台是价值观形成的基础，也是解释价值观的一种深层系统，特定价值观能够在支持平台中寻找出存在的依据。举例来说，如果一个人的价值观体系具有等级制度色彩，那么这个价值观的支持平台中必然具有等级制度的那些基本要素，支持着等级观念通过外在的价值观形式表现出来。

价值观是刚性的，与人格的其他方面是环环相扣的，个人的价值观不会一有风吹草动就发生变化，价值观的变化是有过程的，个人都有坚持、固守过去价值观的惯性。这是由价值观支持平台的复杂影响因素来源所导致的，而不同的个体面对价值观平台变化也可能产生不同的回应。改变价值观，首先要从价值观支持平台入手。

个人的价值观支持平台并不是一个有规律的系统，其内部包括了复杂的因素，而且这些因素的结合方式也多种多样。其中可能包括个人的自我概念、需要动机、认知风格、生命历程、生命追求等个体特征因素，也包括社会的价值观导向、实际的信念、社会伦理等社会特征因素。本研究不深入分析价值观支持平台的内部构成，而是把它作为一个支持价值观的基础性工具箱来看待和处理。

（二）组织价值观图式

图式是一种由个人经历形成的对社会如何运转的认知知识结构（Markus，Zajonc，1985），是由特定的概念、实体和事件形成的个人用于有效解释和描绘信息的手段（Markus，Wurf，1987），影响个人的认知、记忆和推理过程（Crocker等，1984）。图式包含某一特定范畴的一般性知识和信息，包括各种信息之间的关系，也包含一些实例，形成个人用以选择和处理信息的心智结构（Taylor，Crocker，1981）。图式建立了一种解释和描述信息的既定的知识体系，通过它能够简化个人对社会活动信息的处理过程（Lord，Foti，1986），它引导个人对现实进行解释，同时也引导着个人对未来进行预期。

图式研究人们在记忆中如何处理社会信息，如何将新信息纳入既有知识；也就是说，图式要研究的问题是人们如何能够处理、诠释与理解复杂的社会环境。图式是每个人在生活中所必需的，它的作用就如同心智结构一样，能够简化现实，帮助我们了解这个复杂的社会。图式概念强调个体对社会现实的主动建构，它帮助我们注意我们想看的，引导我们的知觉、记忆和推理等处理过程。

在本书中，认知图式提供了一个能够描绘组织文化影响个人价值观改变过程的视角。个人会分析组织中各种现实存在意味着什么，应该对这些现实产生什么样的反应，领导和同事会如何看待这些现实，他们期望自己做什么。这些都是组织中的个人在现实环境中不得不关注和思考的。个人根据图式形成的经验来获得对环境、组织和人群的理解。

个体可以拥有多个图式。组织中的个人，对组织内有关价值观的信息的认知和理解方式可以形成价值观图式。价值观图式的形成，对于生活在组织中的个体是至关重要的。在组织文化的环境下，个人会面对社会性的实体（包括自己、同事和组织群体）、事件和情境，以及必须掌握的非社会性的客体和概念。根据这些信息，个人会形成与价值观相关的多种类型的图式，用于简化个人对组织现象的认知、理解和信息处理。组织内有关价值观的图式包括个人图式（Crocker 等，1984；Lord，Foti，1986）、自我图式（Fiske，Taylor，1984；Markus，1977）、组织图式（Bartunek，Moch，1987）、事件图式（Gioia，Manz，1985；Gioia，Poole，1984；Lord，Kernan，1987；Martin，1982）和客体/概念图式（Lundberg，1985）五类。这些图式为个人理解组织价值观和组织规范提供了丰富的信息。

在本书中，我们把组织价值观图式视为：个体在组织生活中形成的对组织价值观的描述和解释体系。价值观图式作为一个人关于组织文化和组织价值观的一个存储器，包括了个人和群体在组织中应持有和可以预期的价值观、不同情境下应该采取的行动、由价值观传统引导的做事方式、组织文化象征物的内在含义、组织及其内部群体的身份特征等内容。价值观图式引导着个体对组织现象的理解，也引导着个人价值观的转变，并指引着个人的行为。

引入价值观支持平台和组织价值观图式两个概念作为分析工具，可以更为清晰地把握价值观的影响过程。

三、价值观不一致的压力

每个进入组织的个体都有一套相对稳定的个人价值观系统。价值观是个人从小到大在社会环境中受到各种人物、事件、社会关系的影响而形成和发展的，是关于什么是正确的、什么是错误的基本信条。同一组织中的成员和管理者常常拥有不同的个人价值观（Barnett，Karson，1987；Frederick，Weber，1987）。

从心理学的分析上看，个人倾向于与自己有相似特征的人进行比较，而比较的结果是会产生一些模糊的认识，这其中可能就包括对个人价值观与组织价值观不一致的认识（甚至可能是价值观冲突）。当个体感觉到组织价值观与个人价值观或者个人期望的组织价值观之间存在较大的差距时，个人的表现和反应可能是各种各样的。这种价值观的不一致表现在个人的认知上，即会产生认知不协调的心理状态，个人会努力改变自己的认知来解决这种认知不协调，改变自己的态度和信念来与情境（组织环境）要求的行为相一致（Tedes-chi，Rosenfeld，1981）。

组织成员采用不同的手段来试图解决价值观不一致的问题（Turner，Oakes，1986）。第一种可能的做法是寻找借口或者理由来降低这种价值观不一致的重要性（Bies，Sitkin，1991），这对改变个人价值观与组织价值观的一致和增强组织认同感是没有作用的。第二种方法是改变成员对组织文化和组织价值观的认识，通过融入的手段和过程，增加成员对组织价值观的了解。如果这种手段能够增加组织价值观和组织身份特征的吸引力，成员的组织认同感会增强；相反，如果这种改变降低了组织价值观和组织身份特征的吸引力，成员的组织认同感就会降低。第三种方法就是让成员先认识到价值观的不一致，并由这种不一致产生对自我定义的威胁，并随着时间的推移，慢慢地改变个人的价值观和自我定义（Breakwell，1986）。本书主要分析第三种方法，为个人价值观随着组织价值观的改变过程提供一个粗略的分析框架。

改变一个人的价值观是困难的，这中间包括繁芜复杂的多种可能性，也受到组织变化的制约。而且，组织中的个人价值观仍然具有一般价值观的基本特点：稳定性，即不容易发生改变。个人善于维护自己的价值观，即使是管理层试图通过某些策略来改变个人的价值观念，个人还是能够找到支持其原有价值观的方式，来减少组织价值观对个人价值观的改变。个体价值观存在得越深，就越可能表现出刚性，对外在的影响予以抵制，这样改变价值观的难度也就越大。

个体期望拥有与组织相适合的价值观与信念，有助于个体预测和控制自己的行为后果。当个体感受到价值观矛盾和行为冲突时，会产生认知不协调，产生一种心理上不舒适的驱动力状态，会导致个人通过改变一种或者多种认知来消除这种认知不协调。这就产生了个人价值观改变的一个压力。

同时，价值观的改变也受到组织环境的支持。组织价值观渗透在组织管理的各个层面，并构成组织身份特征的主要内涵，个人在组织中的职位、角色、工作内容、沟通协作方式乃至非正式的群体交往都受到组织价值观的影响，个人的身份也不免会打上组织价值观的烙印。所以，无论是有意识的还是无意识的，是突变的还是渐进的，组织价值观都在影响着个人价值观。

四、组织价值观的影响过程

（一）有关组织价值观信息的获取

在价值观不一致的压力作用下，个体期望解决认知不协调的心理状态。个人于是增加了在组织中的观察、思考和体会的心理过程，对来自组织的有关价值观的信息更为关注。

组织通过很多方式传递给个人有关组织价值观的各种信

息，包括前文所列出的组织文化的理念系统、制度规范、行为惯例、领导风格和文化的外在形式等层面，这些层面在不同程度上构成对组织价值观的解释和表达。某个领导的一句话或者一个眼神，都可能成为传递组织价值观的渠道。个人为了解决价值观不一致带来的认知不协调，会主动地获取有关组织价值观的更多信息，获得对组织文化更全面、更丰富的了解。融入过程是主要的价值观信息获取过程，价值观图式引导着个人的信息获取过程。

有关组织价值观的信息是多层次的、丰富的，其中包含着关于个人价值观支持平台的各种基本信念和态度的信息。获得的价值观信息越充分，个人对组织价值观的了解才越可能深入。个人也通过价值观渗透的组织制度、行为规范、领导风格等组织信息来体会组织价值观，这种对组织价值观的深层认知，是个人价值观可能改变的首要前提。

（二）个人价值观支持平台受到冲击

价值观支持平台与在组织文化的层次中列举的基本假设层次的内容有一定的关系，但价值观支持平台表示的是支持价值观的、由庞杂的因素构成的一个工具箱，而基本假设则更强调无意识的信念、理解、思维和感觉（Schein，1993）。价值观支持平台的内容是更为具体的、真实的，更贴近个人在组织中的实际经验。

价值观受到个人过去的经历和体验的影响，这些经历和体验都成为价值观支持平台的内部因素。价值观是个体在面对选择、决策和判断的时候表现出来的决心和取向，也是由价值观支持平台决定的一种持久的信念。

组织成员面对有关价值观信息时的第一反应可能是简单的喜欢或者赞同，也可能是视而不见，不发生任何认知的简单思维过程。但是重复的信息能为组织价值观信息的曝光、注意、理解和接纳提供更多的机会，能够形成与思维、情感的复杂联系并整合成一个和谐的态度系统。态度是构成个人价值观支持平台的一个非常重要的因素。不同层次的组织价值观信息，冲击着价值观系统的支持平台基础，影响着支持价值观的基本态度。

当个人价值观与组织价值观存在明显的不一致时，组织价值观与个人价值观或者个人期望的组织价值观之间会产生矛盾，这种认知不协调状态形成了个人的价值观冲突状态。丰富的组织价值观信息，形成了对价值观支持平台内部因素的多角度影响，冲击到支持一个人固有价值观的深层原因，这意味着个人保持固有价值观的基本能力受到侵蚀。个人不断受到组织价值观及其表达出来的信息影响，个人价值观的改变就具备了现实的可能性。个人获取的有关组织价值观的信息越充分，对组织价值观的了解程度就越深，个体的价值观支持平台所受到的冲击就越强烈。而且，这种冲击是持续的、反复发生的，引发价值观支持平台内部不同因素的变化，从而导致价值观支持平台本身的不稳定，进而使个人价值观的变动具有了基础条件。

（三）共享图式的形成——组织价值观图式的动态过程

冲击价值观平台的信息，也可以被视为组织价值观的刺激物，因为组织价值观由这些信息表现出来。这些组织价值观的刺激物所产生的作用，在个人的认知模式中都是由图式来表现的。当刺激物与图式的主要特征相适合时，正确的图式被激发出来。例如，当一个人看到穿着正式的一群人围着会议桌而坐的场景，就会激起他头脑中的会议图式，他会认为这些人是在进行一个正式的会议。

个人价值观的改变，要经过价值观图式的变化才能够产生。图式引导着信息处理过程，形成了组织中个体的意义建构的方式（Gioia，Poole，1984；Louis，Sutton，1991）。价值观图式有意识或者无意识地引导着个体价值观的建构过程。在无意识的情况下，有关价值观的信息以自动的方式进行信息处理过程，这个过程是自动进行的，没有产生有意识的联系、选择和描绘过程；而在有意识的处理中，价值观信息被图式所控制、反映与调和。有意识的信息处理过程受到价值观图式的支配程度，由图式中对"刺激物—反应"的经验掌握程度来决定。刺激物—反应的经验越深入（或者个人的价值观图式越明确），就越有利于形成无意识的意义建构过程，也就是无意识的信息加工过程。也就是说，无意识的信息加工过程实际上是建立在有意识的信息加工过程所形成的"刺激物—反应"经验的基础上的；只有具备有意识的"刺激物—反应"经验，无意识的信息加工过程才可能自然而然地产生。

当个人的价值观支持平台受到冲击时，个人接收到的价值观信息不能引导价值观图式的作用过程，也就是说，个人对价值观信息的处理不能产生"刺激物—反应"的认知过程，因为个人的价值观图式中缺少对这些陌生价值观信息的处理加工经验，个体在原本的价值观图式中找不到"刺激物—反应"的经验。因此，个体就会产生有意识的信息处理过程，并在此基础上进行意义建构过程（Louis，Sutton，1991），这个过程反复发生，就会逐步形成新的"刺激物—反应"经验，也就增加了价值观图式的内容。

比如，新加入一个组织的个人，对组织价值观信息是没有经验的（或者个人有关组织价值观的图式是模糊的），通过价值观的融入过程，他会进行更多有意识的意义建构过程。当经过一段时间有意识的、反射式的意义建构过程（价值观图式的形成过程）之后，个体认知上形成了"刺激物—反应"的价值观信息处理经验，认知的无意识的过程就产生了。这种有意识、反射式的意义建构过程形成价值观图式的经验和记忆（刺激物—反应），正是个体价值观改变的过程。

当个人价值观与组织价值观不一致时，个体产生了认知不协调压力，个人的价值观支持平台受到组织价值观信息的冲击，个体有关价值观的图式也会发生动态的变化过程。当个人意识到自身价值观与组织价值观不一致时，个人会对自己的价值观产生疑惑，也会感到组织对自己的身份期望与自己的身份不一致。这时候某种张力会在个体意识建构过程中产生，促使个体改变自己来靠近组织，个体提出了一系列意义重建的问题：我是谁？我的价值观与组织价值观如何联系？组织对于我建立自己的身份有什么意义？……个人在组织中寻求解决这些问题的答案，不断地、反复地进行意义建构过程，对组织的价值观信息产生积极的反应。个人通过意义建构来影响自己对组织价值观的理解和认知，潜移默化地影响着个人价值观及价值观支持平台，由此不断减少个人价值观和组织价值观的不一致，并根据价值观信息的处理过程形成的经验而形成价值观图式的动态过程。经过长时间的、动态的社会信息处理过程，组织成员不断受到支持组织价值观的信息的冲击，重复进行价值观信息处理和意义建构，组织成员开始形成相似的价值观图式。

组织文化还把一些图式显得更为突出和更具吸引力。组织价值观通过在组织内形成相似的认知图式的过程，实现对个人价值观的影响。相似的认知图式的形成，使人们在接收信息时能够联系到同类图式，从而形成共同的认识，而激发出相似的态度、观点和行为。

通过价值观图式的动态过程，组织成员间形成较为一致的价值观图式，个人价值观不断受共享图式影响，逐渐发生改变，与组织价值观趋于一致。

这种价值观影响过程，也使组织成员对组织文化和组织价值观有了共同的理解。个人通过意义建构过程能够使组织的活动变成惯例，并且帮助组织成员形成一个共同体的一体感，也就是形成组织认同感（Gioia，Sims，1986；Louis，1980；Smircich，1983）。

（四）反馈过程

共享的组织价值观图式的形成过程，是个人价值观逐渐改变的过程。在这个过程中，组织不断提供反馈，用以强化个人价值观的改变过程。

反馈过程是组织生活中广泛存在的、并有很多作用功能的一个组织现象（Blader，2007）。在组织价值观影响个人价值观、个人组织价值观图式变化的过程中，组织内很多行为和情境能够对个人价值观的改变产生正向或者激励作用，成为一种反馈机制，对价值观一致性、价值观信息的获取、价值观图式产生反作用。人们在组织中不断接受反馈：通过正式工作行为的评估过程、与管理者和同事的日常行为接触和工作事务接触过程，也通过个人在组织活动中得到的报酬、评价和其他结果。同时，个人也主动地寻找反馈（Ashford，Cumming，1993），把自己在组织中获得的工资、能力提升和职业发展机会作为一种组织对个人的行为反馈。个人对组织反馈的反应也是有重要影响的，可能影响个人的工作行为、个人对工作的满意度和个人的留职意向，也可能影响个人的组织认同过程。

从价值观视角来看，反馈提供给个人一个信息：组织对个人在价值观支持下的行为是鼓励的，还是反对的？个体会根据组织反馈来开始新的价值观图式改变过程，强化组织价值观对个人的影响和改变。

人们对反馈的反应会形成一系列的推理，其中包括了有关组织价值观与个人价值观的含义的推理。例如，基于组织价值观指导下的某种行为，在得到某种评价之后，个人就会把这种行为—评价的逻辑作为一种反馈方式，产生一系列的推理，形成这种特定行为会产生特定评价的认识。

个体从反馈中能得到有关组织价值观的信息，也能得到强化价值观的动力或者弱化价值观的理由。当个体与组织价值观一致的行为得到了积极反馈时，他会非常高兴，乐意维持和维护这种价值观一致性的状态。而当成员得到负向的反馈时，他会意识到个人价值观与组织价值观之间存在冲突或者差异，他对自己的价值观就有了动摇，产生了变化的动力。反馈也会形成个人对组织价值观的见解，个人通过反馈可能对组织价值观形成新的认识。

在不同的反馈过程中，个体可能采取不同的应对方式。个体可能选择接受组织价值观，而改变个人价值观及行为，以此来追求组织对个人行为的积极反馈；个体也可能会对组织的反馈机制本身产生怀疑，并否认组织反馈过程或者组织程序的公平性或者合法性（Tyler，Degoey，Smith，1996），这就会加深个人价值观与组织价值观之间的不一致（冲突），个人与组织间的关系就需要更多的沟通手段来调和。

五、结论

本研究所阐述的有关组织价值观影响过程的分析，描绘出组织价值观以组织价值观与个人价值观不一致为起点、通过价值观影响的过程而改变个人价值观的过程。

价值观不一致所形成的压力，促使个体积极地获取有关组织价值观的信息，希望能够解决个体的认知不协调；个体对组织价值观支持信息的获取，形成了对个体价值观支持平台的冲击，并激发了个人的组织价值观图式的动态改变过程；图式通过"刺激物—反应"的经验的积淀，引导着个体对组织价值观的意义建构过程，个体的组织价值观图式在这个过程中发生动态的改变；价值观图式的动态改变使成员之间形成了较为相似的价值观图式，也就形成了价值观的共享，个体在组织内的价值观也由此发生变化；而反馈机制会强化价值观改变的效果，当价值观改变下的个体行为得到了正向反馈时，价值观改变就得到强化，而在得到反向反馈时，价值观支持平台会受到新一轮的冲击，从而继续发生价值观图式的动态变化过程，个人产生认知上的协调状态。组织价值观通过这种反复发生的价值观影响过程而影响个人，并通过反馈机制对价值观图式的动态变化加以强化。这样，个人价值观不断受到组织价值观的影响，会变得与组织价值观趋同，这样的影响过程弥漫在组织生活中，发生于每个员工的价值观形成过程，具有共享意义的组织价值观就在这个过程中被凝固下来，构成了组织文化的核心。

文化对组织行动及个体行为影响深刻，这是制度与文化研究的共识，也是文化议题的价值所在。本书从宏观的制度与文化视角展开研究，在探讨社会层面规范性要素的限制性作用的基础上，关注文化与制度逻辑的能动性作用，可以作为组织和个体应对环境、谋求发展的资源性要素。通过故宫博物院的案例研究，归纳提炼了文化与制度逻辑影响组织结构的动态过程；通过对文化在组织内部以认同的方式影响员工态度与行为的实证研究和价值观影响过程的理论机制分析，构建了文化对个体性的影响机制，两个研究共同构成了文化与制度逻辑的微观影响机制。期望本书能够在中国情境下进一步深化制度理论研究、丰富经验研究成果和推动制度理论研究领域不断扩展。

参考文献

［1］ ABBOTT A. Transcending general linear reality ［J］. Sociological Theory, 1988: 169 – 186.

［2］ ALBERT S, WHETTEN D A. Organizational identity ［J］. Research in Organizational Behavior, 1985, 7: 263 – 295.

［3］ ALBERTS, ASHFORTH B E, DUTTON J E. Organizational identity and identification: Charting new waters and building new bridges ［J］. The Academy of Management Review, 2000, 25 (1): 13 – 17.

［4］ ALDRICH H E, FIOL C M. Fools rush in? The institutional context of industry creation ［J］. Academy of Management Review, 1994, 19 (4): 645 – 670.

［5］ ALVESSON M. Understanding organizational culture ［M］. Sage Publications Inc, 2002.

［6］ ANDERSON E. Orthodox and inclusive masculinity: Competing masculinities among heterosexual men in a feminized terrain ［J］. Sociological Perspectives, 2005, 48 (3): 337 – 355.

［7］ ANTUNES C, DA SILVA F R. Cross – cultural entrepreneurship in the atlantic: Africans, dutch and sephardic jews in Western Africa, 1580—1674

［J］. Itinerario, 2011, 35（1）: 49 - 76.

［8］ARONSON E. The return of the repressed: Dissonance theory makes a come-back［J］. Psychological Inquiry, 1992, 3（4）: 303 - 311.

［9］ASHFORD J R, CUMMING G. Tobacco and health education［J］. BMJ: British Medical Journal, 1993, 306（6883）: 999.

［10］ASHFORTH B E, MAEL F. Social identity and the organization［J］. Academy of Management Review, 1989, 14（1）: 20 - 39.

［11］ASHFORTH B E, SAKS A M. Socialization tactics: Longitudinal effects on newcomer adjustment［J］. Academy of Management Journal, 1996, 39（1）: 149.

［12］ASUAGA C, RAUSELL - KÖSTER P. Management of Cultural Organization: The Specific Case of Museums（Un analisis de la Gestion de Instituciones Culturales: El caso especifico de los Museos）［J］. Revista Iberoamericana de Contabilidad de Gestión, 2006, 4（8）: 83 - 104.

［13］BAGDADLI S, PAOLINO C. The institutional change of Italian public museums between legitimacy and efficiency: Do museum directors have a role［J］. Disponibile online all' indirizzo www. neumann. hec. ca, 2005.

［14］BAKER T, NELSON R E. Creating something from nothing: Resource construction through entrepreneurial bricolage［J］. Administrative Science Quarterly, 2005, 50（3）: 329 - 366.

［15］BARKER J R, TOMPKINS P K. Identification in the self - managing organization characteristics of target and tenure［J］. Human Communication Research, 1994, 21（2）: 223 - 240.

［16］BARLEY S B, MEYER G W, GASH D C. Cultures of Culture: Academics, Practitioners and the Pragmatics of Normative Control［J］. Administrative Science Quarterly, 1988, 33 (1): 24 – 60.

[17] BARNARD C I. The functions of the executive [M]. Harvard University Press, 1938.

[18] BARNETT J H, KARSON M J. Personal values and business decisions: An exploratory investigation [J]. Journal of Business Ethics, 1987, 6: 371 – 382.

[19] BARON R M, KENNY D A. The moderator – mediator variable distinction in social psychological research: Conceptual, strategic, and statistical considerations [J]. Journal of Personality and Social Psychology, 1986, 51 (6): 1173 – 1182.

[20] BARTUNEK J M, MOCH M K. First – order, second – order, and third – order change and organization development interventions: A cognitive approach [J]. The Journal of Applied Behavioral Science, 1987, 23 (4): 483 – 500.

[21] BATTILANA J, DORADO S. Building sustainable hybrid organizations: The case of commercial microfinance organizations [J]. Academy of Management Journal, 2010, 53 (6): 1419 – 1440.

[22] BENFORD R D, SNOW D A. Framing processes and social movements: An overview and assessment [J]. Annual Review of Sociology, 2000, 26 (1): 611 – 639.

[23] BEREZIN M. Politics and culture: A less fissured terrain [J]. Annual Review of Sociology, 1997, 23 (1): 361 – 383.

[24] BERGAMI M, BAGOZZI R P. Self – categorization, affective commitment and group self – esteem as distinct aspects of social identity in the organization [J]. British Journal of Social Psychology, 2000, 39 (4): 555 – 577.

[25] BESHAROV M L, SMITH W K. Multiple institutional logics in organizations: Explaining their varied nature and implications [J]. Academy of Management Review, 2014, 39 (3): 364 – 381.

[26] BIES R J, SITKIN S B. Explanation as legitimation: Excuse – making in organizations [M] // MCLAUGHLIN M, CODY M, READ S. Explaining one's self to others: Reason – giving in a social context, Lawrence Erlbaum, 1991: 183 – 198.

[27] BINDER A. For love and money: Organizations' creative responses to multiple environmental logics [J]. Theory and Society, 2007, 36 (6): 547 –571.

[28] BLADER S L. What leads organizational members to collectivize? Injustice and identification as precursors of union certification [J]. Organization Science, 2007, 18 (1): 108 – 126.

[29] BOURDIEU P. Practical reason: On the theory of action [M]. Stanford University Press, 1998.

[30] BOURDIEU P. Sociology in question [M]. SAGE Publications, 1993.

[31] BOXENBAUM E, JONSSON S. Isomorphism, diffusion and decoupling. [M] //GREENWOOD R, OLIVER C, SUDDABY R, et al. The SAGE handbook of organizational institutionalism. SAGE Publications, 2008: 78 –98.

[32] BREAKWELL GM. Political and attributional responses of the young short – term unemployed [J]. Political Psychology. 1986, 7 (3): 575 – 586.

[33] CARBONELL, B. M. Museum Studies : an anthology of contexts [M], Blackwell Publishing, 2004.

[34] CARLOS W C, HIATT S R. From surgeries to startups: The impact of cultural holes on entrepreneurship in the medical profession [M] //LOCK-

WOOD C, SOUBLIÈRE J F. Advances in cultural entrepreneurship: Vol. 80. Emerald Publishing Limited, 2022: 137 – 156.

[35] CHANDLER M J. Social cognition: A selective review of current research [J]. Knowledge and Development: Volume 1 Advances in Research and Theory, 1977: 93 – 147.

[36] CHAO G T, O'LEARY – KELLY A M, WOLF S, et al. Organizational socialization: Its content and consequences [J]. Journal of Applied Psychology, 1994, 79: 730 – 730.

[37] CHATMAN E. The role of mentorship in shaping public library leaders [J]. Library Trends, 1992, 40 (3): 492 – 512.

[38] CHATMAN J A, JEHN K A. Assessing the relationship between Industry characteristics and organizational culture: How different can you be? [J]. The Academy of Management Journal, 1994, 37 (3): 522 – 553.

[39] CHATMAN J A. Improving interactional organizational research: A model of person – organization fit [J]. Academy of Management Review, 1989, 14 (3): 333 – 349.

[40] CHATMAN J. Matching people and organizations: Selection and socialization in public accounting firms [J]. Administrative Science Quarterly, 1991, 36 (3): 459 – 484.

[41] CHENEY G, TOMPKINS P K. Coming to terms with organizational identification and commitment [J]. Communication Studies, 1987, 38 (1): 1 – 15.

[42] CHENEY G. The rhetoric of identification and the study of organizational communication [J]. Quarterly Journal of Speech, 1983, 69 (2): 143 – 158.

[43] CHRISTENSEN S H. Costs and benefits of commercializing teaching, re-

search, and service in the american corporatized university [J]. The Engineering – Business Nexus: Symbiosis, Tension and Co – Evolution, 2019: 231 – 257.

[44] CHRISTENSEN S, KARNØE P, PEDERSEN J S, et al. Actors and institutions: Editors'introduction [J]. American Behavioral Scientist, 1997, 40 (4): 392 – 396.

[45] CHUNG C N, LUO X. Institutional logics or agency costs: The influence of corporate governance models on business group restructuring in emerging economies [J]. Organization Science, 2008, 19 (5): 766 – 784.

[46] CLEMENS E S, COOK J M. Politics and institutionalism: Explaining durability and change [J]. Annual Review of Sociology, 1999, 25 (1): 441 – 466.

[47] CORNELISSEN J P, CLARKE J S. Imagining and rationalizing opportunities: Inductive reasoning and the creation and justification of new ventures [J]. Academy of Management Review, 2010, 35 (4): 539 – 557.

[48] CROCKER J, FISKE S T, TAYLOR S E. Schematic bases of belief change [M] //Attitudinal judgment. New York: Springer New York, 1984: 197 – 226.

[49] CURLEY C, LEVINE DANIEL J, WALK M, ET AL. Competition and collaboration in the nonprofit sector: Identifying the potential for cognitive dissonance [J]. Administration & Society, 2021, 53 (8): 1293 – 1311.

[50] DACIN M T, BEAL B D, VENTRESCA M J. The embeddedness of organizations: Dialogue & directions [J]. Journal of Management, 1999, 25 (3): 317 – 356.

[51] DAVIES S, QUIRKE L. The impact of sector on school organizations: In-

stitutional and market logics [J]. Sociology of Education, 2007, 80 (1): 66 – 89.

[52] DEAL T E, KENNEDY A A. Corporate Cultures: The rites and rituals of corporate life [J]. Reading: Addison – Wesley, 1982.

[53] DENISON D R, MISHRA A K. Toward a theory of organizational culture and effectiveness [J]. Organization Science, 1995, 6 (2): 204 – 223.

[54] DENISON D R. Corporate culture and organizational effectiveness [M]. John Wiley & Sons Inc, 1990.

[55] DIMAGGIO P J, POWELL W W. Introduction. [M] //POWELL W W, DIMAGGIO P J. The new institutionalism in organizational analysis, Chicago: University of Chicago Press, 1991: 1 – 40.

[56] DIMAGGIO P J, POWELL W W. The iron cage revisited: Institutional isomorphism and collective rationality in organizational fields [J]. American Sociological Review, 1983, 48 (2): 147 – 160.

[57] DIMAGGIO P J. Construding an organizational field as a professional project: The case of U. S. art museums. [M] //POWELL W W, DIMAGGIO P J. The new institutionalism in organizational analysis, Chicago: University of Chicago Press, 1991.

[58] DIMAGGIO P J. Cultural entrepreneurship in nineteenth – century Boston, Part II [J]. Museum Studies: An Anthology of Contexts, 2012: 425.

[59] DIMAGGIO P J. Fashion and its social agendas: class, gender, and identity in clothing [J]. Contemporary Sociology, 2002, 31 (3): 303 – 304.

[60] DIMAGGIO P J. Interest and agency in institutional theory [J]. Institutional Patterns and Organizations, 1988: 3 – 21.

[61] DIMAGGIO P. Cultural aspects of economic action and organization [M] //

Beyond the marketplace. Routledge, 1990.

[62] DIMAGGIO P. Culture and cognition [J]. Annual Review of Sociology, 1997, 23 (1): 263 – 287.

[63] DIMAGGIO P. Culture and economy [M] //Handbook of economic sociology. Princeton University Press and Russell Sage, 1994: 27 – 57.

[64] DOBBIN F. Cultural models of organization: The social construction of rational organizing principles [J]. The Sociology of Culture: Emerging Theoretical Perspectives, 1994: 118.

[65] DORADO S. Institutional entrepreneurship, partaking, and convening [J]. Organization Studies, 2005, 26 (3): 385 – 414.

[66] DUKERICH J M, GOLDEN B R, SHORTELL S M. Beauty is in the eye of the beholder: The impact of organizational identification, identity, and image on the cooperative behaviors of physicians [J]. Administrative Science Quarterly, 2002, 47 (3): 507 – 533.

[67] DUKERICH JANET M, KRAMER R, PARKS J M L, et al. The dark side of organizational identification [M]. SAGE Publications, 1998.

[68] DUNHAM R B, GRUBE J A, CASTANEDA M B. Organizational commitment: The utility of an integrative definition [J]. Journal of Applied Psychology, 1994, 79 (3): 370.

[69] DUNN M B, JONES C. Institutional logics and institutional pluralism: The contestation of care and science logics in medical education, 1967 – 2005 [J]. Administrative Science Quartery, 2010, 55 (1): 114 – 149.

[70] DURAND R, GOUVARD P. An audience – based theory of firms' purposefulness [M] //Advances in cultural entrepreneurship. Emerald Publishing Limited, 2022: 193 – 216.

[71] DURAND R, KHAIRE M. Where do market categories come from and how? Distinguishing category creation from category emergence [J]. Journal of Management, 2017, 43 (1): 87 – 110.

[72] DUTTON J E, DUKERICH J M. Keeping an eye on the mirror: Image and identity in organizational adaptation [J]. Academy of Management Journal, 1991, 34 (3): 517 – 554.

[73] DUTTON J E, DUKERICH J M, HARQUAIL C V. Organizational images and member identification [J]. Administrative Science Quarterly, 1994: 239 – 263.

[74] EDWARDS D. Corporate social responsibility of large urban museums: The contribution of volunteer programs [J]. Tourism Review International, 2007, 11 (2): 167 – 174.

[75] ELSBACH K D, KRAMER R M. Members' responses to organizational identity threats: Encountering and countering the Business Week rankings [J]. Administrative Science Quarterly, 1996: 442 – 476.

[76] ELSBACH K D, SUTTON R I. Acquiring organizational legitimacy through illegitimate actions: A marriage of institutional and impression management theories [J]. Academy of Management Journal, 1992, 35 (4): 699 – 738.

[77] ELSBACH K D. Relating physical environment to self – categorizations: Identity threat and affirmation in a non – territorial office space [J]. Administrative Science Quarterly, 2003, 48 (4): 622 – 654.

[78] EREZ M, EARLEY P C. Culture, self – identity, and work [M]. Oxford University Press, 1993.

[79] FELDMAN D C. A contingency theory of socialization [J]. Administrative Science Quarterly, 1976, 21 (3): 433 – 452.

[80] FIOL C M. A semiotic analysis of corporate language: Organizational boundaries and joint venturing [J]. Administrative Science Quarterly, 1989: 277 – 303.

[81] FISHER D S, HUSE D A. Ordered phase of short – range ising spin – glasses [J]. Physical Review Letters, 1986, 56 (15): 1601 – 1604.

[82] FISKE S T, TAYLOR S E. Social cognition [M]. United Kingdom: Addison – Wesley Publishing Company, 1984.

[83] FISS P C, HIRSCH P M. The discourse of globalization: Framing and sensemaking of an emerging concept [J]. American Sociological Review, 2005, 70 (1): 29 – 52.

[84] FREDERICK W C, WEBER J. The values of corporate managers and their critics: An empirical description and normative implications [J]. Research in Corporate Social Performance and Policy, 1987, 9 (6): 131 – 152.

[85] FREIDSON E. Professionalism reborn: Theory, prophecy, and policy [M]. University of Chicago Press, 1994.

[86] FREY B, MEIER S. Museums between private and public – The case of the beyeler museum in basle [R]. Institute for Empirical Research in Economics – University of Zurich, 2002.

[87] FREIDSON E. Professionalism, the third logic: On the practice of knowledge [M]. University of Chicago Press, 2001.

[88] FRIEDLAND R, ALFORD R. Bringing society back in: Symbols, practices and institutional contradictions [M] //POWELL W, DIMAGGIO P. The new institutionalism in organizational analysis. University of Chicago Press, 1991: 232 – 263.

[89] FURNARI S. Situating frames and institutional logics: The social situation

as a key institutional microfoundation [M] //Microfoundations of institutions. Emerald Publishing Limited, 2019, 65: 193 – 209.

[90] GALBRAITH J K. The new industrial state [J]. Antitrust L. & Econ. Rev. , 1967, 1: 11.

[91] GEERTZ C. The interpretation of cultures [M]. Basic Books, 1973.

[92] GIDDENS A. Central problems in social theory: Action, structure, and contradiction in social analysis [M]. University of California Press, 1979.

[93] GIDDENS A. The constitution of society: Outline of the theory of structuration [M]. University of California Press, 1984.

[94] GIOIA D A, MANZ C C. Linking cognition and behavior: A script processing interpretation of vicarious learning [J]. Academy of Management Review, 1985, 10 (3): 527 – 539.

[95] GIOIA D A, POOLE P P. Scripts in organizational behavior [J]. Academy of Management Review, 1984, 9 (3): 449 – 459.

[96] GIOIA D A, SIMS JR H P. Cognition – behavior connections: Attribution and verbal behavior in leader – subordinate interactions [J]. Organizational Behavior and Human Decision Processes, 1986, 37 (2): 197 – 229.

[97] GIOIA D A, PATVARDHAN S D, HAMILTON A L, et al. Organizational identity formation and change [J]. Academy of Management Annals, 2013, 7 (1): 123 – 193.

[98] GIORGI S, WEBER K. Marks of distinction: Framing and audience appreciation in the context of investment advice [J]. Administrative Science Quarterly, 2015, 60 (2): 333 – 367.

[99] GIORGI S, LOCKWOOD C, GLYNN M A. The many faces of culture: Making sense of 30 years of research on culture in organization studies

[J]. The Academy of Management Annals, 2015, 9 (1): 1 – 54.

[100] GLYNN M A, GIORGI S. Taking the cultural turn: Reading cultural sociology [J]. Academy of Management Review, 2013, 38 (3): 466 – 470.

[101] GLYNN M A, LOUNSBURY M. From the critics' corner: Logic blending, discursive change and authenticity in a cultural production system [J]. Journal of Management Studies, 2005, 42 (5): 1031 – 1055.

[102] GLYNN M A. Beyond constraint: How institutions enable identities [M] //GREENWOOD R, OLIVER C, SUDDABY R, et al. The SAGE handbook of organizational institutionalism. SAGE Publications, 2008, 41: 3 – 430.

[103] GLYNN M A. When cymbals become symbols: Conflict over organizational identity within a symphony orchestra [J]. Organization science, 2000, 11 (3): 285 – 298.

[104] GOODRICK E, REAY T. Constellations of institutional logics: Changes in the professional work of pharmacists [J]. Work and Occupations, 2011, 38 (3): 372 – 416.

[105] GORDON G G, DITOMASO N. Predicting corporate performance from organizational culture [J]. Journal of Management Studies, 1992, 29 (6): 783 – 798.

[106] GRAHAM C. The economics of happiness [J]. World Economics, 2005, 6 (3): 41 – 55.

[107] GREENWOOD R, HININGS C R. Understanding radical organizational change: Bringing together the old and the new institutionalism [J]. Academy of Management Review, 1996, 21 (4): 1022 – 1054.

[108] GREENWOOD R, SUDDABY R. Institutional entrepreneurship in mature

fields: The big five accounting firms [J]. Academy of Management Journal, 2006, 49 (1): 27 – 48.

[109] GREENWOOD R, DIAZ A M, LI S X, et al. The multiplicity of institutional logics and the heterogeneity of organizational responses [J]. Organization Science, 2010, 21 (2): 521 – 539.

[110] GREENWOOD R, RAYNARD M, KODEIH F, et al. Institutional complexity and organizational responses [J]. Academy of Management Annals, 2011, 5: 317 – 371.

[111] GRIFFIN D, ABRAHAM M. The effective management of museums: Cohesive leadership and visitor – focused public programming [J]. Museum Management and Curatorship, 2000, 18 (4): 335 – 368.

[112] GRISERI P. Managing Values – Ethical Change in Organisations [J]. Journal of Managerial Psychology, 1999, 14 (2): 172 – 172.

[113] GUO C. When government becomes the principal philanthropist: The effects of public funding on patterns of nonprofit governance [J]. Public Administration Review, 2007, 67 (3): 458 – 473.

[114] HALLETT T. The myth incarnate: Recoupling processes, turmoil, and inhabited institutions in an urban elementary school [J]. American Sociological Review, 2010, 75 (1): 52 – 74.

[115] HAMILTON A, GIOIA D A. Fostering sustainability – focused organizational identities [M] //Exploring positive identities and organizations. Psychology Press, 2009: 459 – 484.

[116] HANNAN M T, PÓLOS L, CARROLL G R. Logics of Organization Theory: Audiences, Codes, and Ecologies [M]. Princeton University Press, 2007.

［117］ HARRISON S H, CORLEY K G. Clean climbing, carabiners, and cultural cultivation: Developing an open – systems perspective of culture ［J］. Organization Science, 2011, 22 (2): 391 – 412.

［118］ HAVEMAN H A, RAO H. Structuring a theory of moral sentiments: Institutional and organizational coevolution in the early thrift industry ［J］. American Journal of Sociology, 1997, 102 (6): 1606 – 1651.

［119］ HEDBERG L M, LOUNSBURY M. Not just small potatoes: Cultural entrepreneurship in the moralizing of markets ［J］. Organization Science, 2021, 32 (2): 433 – 454.

［120］ HEIMER C A, STAFFEN L R. For the sake of the children: The social organization of responsibility in the hospital and the home ［M］. University of Chicago Press, 1998.

［121］ HEIMER C A. Competing institutions: Law, medicine, and family in neonatal intensive care ［J］. Law and Society Review, 1999: 17 – 66.

［122］ HERNES T. Four ideal – type organizational responses to New Public Management reforms and some consequences ［J］. International Review of Administrative Sciences, 2005, 71 (1): 5 – 17.

［123］ HERSBERGER – LANGLOH S. A stakeholder perspective on the market orientation of swiss nonprofit organizations ［J］. Journal of Nonprofit & Public Sector Marketing, 2022, 34 (4): 395 – 420.

［124］ HJORTH D. Toward a more cultural understanding of entrepreneurship ［M］//Advances in cultural entrepreneurship. Emerald Publishing Limited, 2022.

［125］ HOFFMAN A J. From heresy to dogma: An institutional history of corporate environmentalism ［M］. San Francisco: The New Lexington

Press, 1997.

[126] HOFFMAN A J. Institutional evolution and change: Environmentalism and the US chemical industry [J]. Academy of Management Journal, 1999, 42 (4): 351 –371.

[127] HOFFMAN A J. Linking organizational and field – level analyses: The diffusion of corporate environmental practice [J]. Organization & Environment, 2001, 14 (2): 133 –156.

[128] HOFSTEDE G, NEUIJEN B, OHAYV D D, et al. Measuring organizational cultures: A qualitative and quantitative study across twenty cases [J]. Administrative Science Quarterly, 1990, 35 (2).

[129] HOWARD – GRENVILLE J, GOLDEN – BIDDLE K, IRWIN J, et al. Liminality as cultural process for cultural change [J]. Organization Science, 2011, 22 (2): 522 –539.

[130] HUDSON K. A social history of museums: What the visitors thought [M]. Springer, 1975.

[131] HWANG H, LEE Y. What drives organizational missions in the nonprofit sector? An institutional logic dependence perspective [J]. Journal of Professions and Organization, 2023, 10 (1): 1 –20.

[132] HWANG H, POWELL W W. The rationalization of charity: The influences of professionalism in the nonprofit sector [J]. Administrative Science Quarterly, 2009, 54 (2): 268 –298.

[133] IBARRA H. Provisional selves: Experimenting with image and identity in professional adaptation [J]. Administrative Science Quarterly, 1999, 44 (4): 764 –791.

[134] JAIN S, SHARMA D. Institutional Logic Migration and Industry Evolution

in Emerging Economies: The Case of Telephony in India [J]. Strategic Entrepreneurship Journal, 2013, 7 (3): 252 – 271.

[135] JARZABKOWSKI P, PAUL SPEE A. Strategy - as - practice: A review and future directions for the field [J]. International Journal of Management Reviews, 2009, 11 (1): 69 – 95.

[136] JAY J. Navigating paradox as a mechanism of change and innovation in hybrid organizations [J]. Academy of Management Journal, 2013, 56 (1): 137 – 159.

[137] JENSEN M C. Eclipse of the public corporation [M] //Corporate governance. Gower, 2019: 239 – 252.

[138] JOHNSON V. What is organizational imprinting? Cultural entrepreneurship in the founding of the Paris Opera [J]. American Journal of Sociology, 2007, 113 (1): 97 – 127.

[139] JONSSON S, BUHR H. The limits of media effects: Field positions and cultural change in a mutual fund market [J]. Organization Science, 2011, 22 (2): 464 – 481.

[140] JOSEPH J, OCASIO W, MCDONNELL M H. The structural elaboration of board independence: Executive power, institutional logics, and the adoption of CEO – only board structures in US corporate governance [J]. Academy of Management Journal, 2014, 57 (6): 1834 – 1858.

[141] KANUNGO R N. Measurement of job and work involvement [J]. Journal of Applied Psychology, 1982, 67 (3): 341 – 349.

[142] KELLOGG K C. Hot lights and cold steel: Cultural and political toolkits for practice change in surgery [J]. Organization Science, 2011, 22 (2): 482 – 502.

[143] KING B G, CLEMENS E S, FRY M. Identity realization and organizational forms: Differentiation and consolidation of identities among Arizona's charter schools [J]. Organization Science, 2011, 22 (3): 554 – 572.

[144] KLEPPER S. Industry life cycles [J]. Industrial and Corporate Change, 1997, 6 (1): 145 – 182.

[145] KOTTER J P, HESKETT J L. Corporate culture and performance [M]. Simon and Schuster, 2008.

[146] KRAATZ M S, BLOCK E S. Organizational implications of institutional pluralism [M] //GREENWOOD R, OLIVER C, SUDDABY R, et al. The SAGE handbook of organizational institutionalism. SAGE Publications, 2008: 243 – 275.

[147] KRAIMER M L. Organizational goals and values: A socialization model [J]. Human Resource Management Review, 1997, 7 (4): 425 – 447.

[148] KRASHINSKY M. Stakeholder theories of the non – profit sector: One cut at the economic literature [J]. Voluntas: International Journal of Voluntary and Nonprofit Organizations, 1997, 8 (2): 149 – 161.

[149] KRASNER S D. Sovereignty: An institutional perspective [J]. Comparative Political Studies, 1988, 21 (1): 66 – 94.

[150] KREINER G E, ASHFORTH B E. Evidence toward an expanded model of organizational identification [J]. Journal of Organizational Behavior: The International Journal of Industrial, Occupational and Organizational Psychology and Behavior, 2004, 25 (1): 1 – 27.

[151] KRISTOF A. Person – organization fit: An integrative review of its conceptualizations, measurement, and implications [J]. Personnel Psychol-

ogy, 1996, 49 (1): 1 –49.

[152] LAMONT M, SMALL M L, HARRIS D. Culture matters. the role of culture in explaining poverty [M] // The colors of poverty: Why racial and ethnic disparities persist, Russel Sage Foundation, 2008: 76 –102.

[153] LEE S M. An empirical analysis of organizational identification [J]. Academy of Management Journal, 1971, 14 (2): 213 –226.

[154] LEE Y. Variations in volunteer use among human service organizations in the USA [J]. VOLUNTAS: International Journal of Voluntary and Nonprofit Organizations, 2019, 30 (1): 208 –221.

[155] LEIDNER. An affordance perspective of enterprise social med. pdf [Z]. 2018.

[156] LIZARDO O, STRAND M. Skills, toolkits, contexts and institutions: Clarifying the relationship between different approaches to cognition in cultural sociology [J]. Poetics, 2010, 38 (2): 205 –228.

[157] LONGEST K C, HITLIN S, VAISEY S. Position and disposition: The contextual development of human values [J]. Social Forces, 2013, 91 (4): 1499 –1528.

[158] LORD R G, FOTI R J. Schema theories, information processing and organizational behavior [M]. Jossey – Bass, 1986.

[159] LORD R G, KERNAN M C. Scripts as determinants of purposeful behavior in organizations [J]. Academy of Management Review, 1987, 12 (2): 265 –277.

[160] LOUIS M R, POSNER B Z, Powell G N. The availability and helpfulness of socialization practices [J]. Personnel Psychology, 1983, 36 (4): 857 –866.

[161] LOUIS M R, SUTTON R I. Switching cognitive gears: From habits of mind to active thinking [J]. Human Relations, 1991, 44 (1): 55 – 76.

[162] LOUIS M R. Career transitions: Varieties and commonalities [J]. Academy of Management Review, 1980, 5 (3): 329 – 340.

[163] LOUNSBURY J W, SUNDSTROM E, LOVELAND J M, et al. Intelligence, "Big Five" personality traits, and work drive as predictors of course grade [J]. Personality and Individual Differences, 2003, 35 (6): 1231 – 1239.

[164] LOUNSBURY M, WANG M S. Into the clearing: Back to the future of constitutive institutional analysis [J]. Organization Theory, 2020, 1 (1).

[165] LOUNSBURY M, CORNELISSEN J, GRANQVIST N, et al. Culture, innovation and entrepreneurship [J]. Innovation, 2019, 21 (1): 1 – 12.

[166] LOUNSBURY M, GLYNN M A. Cultural entrepreneurship: Stories, legitimacy, and the acquisition of resources [J]. Strategic Management Journal, 2001, 22 (6 – 7): 545 – 564.

[167] LOUNSBURY M, GLYNN M A. Cultural entrepreneurship: A new agenda for the study of entrepreneurial processes and possibilities [M]. Cambridge: Cambridge University Press, 2019.

[168] LOUNSBURY M, STEELE C W, WANG M S, et al. New directions in the study of institutional logics: From tools to phenomena [J]. Annual Review of Sociology, 2021, 47: 261 – 280.

[169] LOUNSBURY M. A tale of two cities: Competing logics and practice variation in the professionalizing of mutual funds [J]. Academy of Management Journal, 2007, 50 (2): 289 – 307.

[170] LOUNSBURY M, VENTRESCA M, Hirsch P M. Social movements, field frames and industry emergence: A cultural – political perspective on US recycling [J]. Socio – economic Review, 2003, 1 (1): 71 – 104.

[171] LUNDBERG S. The added worker effect [J]. Journal of Labor Economics, 1985, 3 (1): 11 – 37.

[172] LYON T P, MAXWELL J W. Greenwash: Corporate environmental disclosure under threat of audit [J]. Journal of Economics & Management Strategy, 2011, 20 (1): 3 – 41.

[173] MAEL F, ASHFORTH B E. Alumni and their alma mater: A partial test of the reformulated model of organizational identification [J]. Journal of Organizational Behavior, 1992, 13 (2): 103 – 123.

[174] MAEL F A, TETRICK L E. Identifying organizational identification [J]. Educational and Psychological Measurement, 1992, 52 (4): 813 – 824.

[175] MAGUIRE S, HARDY C, LAWRENCE T B. Institutional entrepreneurship in emerging fields: HIV/AIDS treatment advocacy in Canada [J]. Academy of Management Journal, 2004, 47 (5): 657 – 679.

[176] MAIR J, MARTI I, VENTRESCA M J. Building inclusive markets in rural Bangladesh: How intermediaries work institutional voids [J]. Academy of Management Journal, 2012, 55 (4): 819 – 850.

[177] MAIR J, HEHENBERGER L. Front – stage and backstage convening: The transition from opposition to mutualistic coexistence in organizational philanthropy [J]. Academy of Management Journal, 2014, 57 (4): 1174 – 1200.

[178] MARKUS H, WURF E. The dynamic self – concept: A social psychological perspective [J]. Annual Review of Psychology, 1987, 38 (1):

299 – 337.

［179］ MARKUS H, ZAJONC R B. The cognitive perspective in social psychology ［J］. Handbook of Social Psychology, 1985, 1 (1): 137 – 230.

［180］ MARKUS H. Self – schemata and processing information about the self ［J］. Journal of Personality and Social Psychology, 1977, 35 (2): 63 – 78.

［181］ MARTENS M L, JENNINGS J E, JENNINGS P D. Do the stories they tell get them the money they need? The role of entrepreneurial narratives in resource acquisition ［J］. Academy of Management Journal, 2007, 50 (5): 1107 – 1132.

［182］ MARTIN A D. Learning to hide: the socialization of the gay adolescent ［J］. Adolescent Psychiatry, 1982, 10: 52 – 65.

［183］ MARTIN J R. Cultural miseducation: In search of a democratic solution ［M］. Teachers College Press, 2002.

［184］ MATHIEU J E, ZAJAC D M. A review and meta – analysis of the antecedents, correlates, and consequences of organizational commitment ［J］. Psychological Bulletin, 1990, 108 (2): 171.

［185］ MAURER C C, BANSAL P, CROSSAN M M. Creating economic value through social values: Introducing a culturally informed resource – based view ［J］. Organization Science, 2011, 22 (2): 432 – 448.

［186］ MCADAM D, MCCARTHY J D, ZALD M N. Comparative perspectives on social movements: Political opportunities, mobilizing structures, and cultural framings ［M］. Cambridge University Press, 1996.

［187］ MCADAM D, SCOTT W R. Organizations and movements ［J］. Social Movements and Organization theory, 2005, 4.

[188] MCPHERSON C M, SAUDER M. Logics in action: Managing institutional complexity in a drug court [J]. Administrative Science Quarterly, 2013, 58 (2): 165 – 196.

[189] MEYER J W, ROWAN B. Institutionalized organizations: Formal structure as myth and ceremony [J]. American Journal of Sociology, 1977, 83 (2): 340 – 363.

[190] MEYER L D, SCOTT S H. Possible errors during field evaluations of sediment size distributions [J]. Transactions of the ASAE, 1983, 26 (2): 481 – 485.

[191] MEYER R, HAMMERSCHMID G. Public management reform: An identity project [J]. Public Policy and Administration, 2006, 21 (1): 99 – 115.

[192] MOLINSKY A L. The psychological processes of cultural retooling [J]. Academy of Management Journal, 2013, 56 (3): 683 – 710.

[193] MORRIS A. Redrawing the boundaries: Questioning the geographies of Britishness at Tate – Britain [J]. Museum and Society, 2003, 1 (3): 170 – 182.

[194] MULLINS D. Competing institutional logics? Local accountability and scale and efficiency in an expanding non – profit housing sector [J]. Public Policy and Administration, 2006, 21 (3): 6 – 24.

[195] MURRAY F. The oncomouse that roared: Hybrid exchange strategies as a source of distinction at the boundary of overlapping institutions [J]. American Journal of Sociology, 2010, 116 (2): 341 – 388.

[196] NIGAM A, OCASIO W. Event attention, environmental sensemaking, and change in institutional logics: An inductive analysis of the effects of public attention to Clinton's health care reform initiative [J]. Organiza-

tion Science, 2010, 21 (4): 823 – 841.

[197] NOH S, TOLBERT P S. Organizational identities of US art museums and audience reactions [J]. Poetics, 2019, 72: 94 – 107.

[198] O'REILLY C A, CHATMAN J, CALDWELL D F. People and organizational culture: A profile comparison approach to assessing person – organization fit [J]. Academy of Management Journal, 1991, 34 (3): 487 –516.

[199] OCASIO W, GAI S L. Institutions: Everywhere but not everything [J]. Journal of Management Inquiry, 2020, 29 (3): 262 –271.

[200] OCASIO W, JOSEPH J. Cultural adaptation and institutional change: The evolution of vocabularies of corporate governance, 1972 –2003 [J]. Poetics, 2005, 33 (3 –4): 163 –178.

[201] OCASIO W, POZNER J E, MILNER D. Varieties of political capital and power in organizations: A review and integrative framework [J]. Academy of Management Annals, 2020, 14 (1): 303 –338.

[202] OCASIO W, THORNTON P H, LOUNSBURY M. Advances to the institutional logics perspective [M] //GREENWOOD R, OLIVER C, LAWRENCE T, et al. The SAGE handbook of organizational institutionalism. SAGE Publications, 2017: 509 –531.

[203] OCASIO W. Towards an attention - based view of the firm [J]. Strategic Management Journal, 1997, 18 (S1): 187 –206.

[204] OLIVER C. Strategic responses to institutional processes [J]. Academy of Management Review, 1991, 16 (1): 145 –179.

[205] OLSSEN M, PETERS M A. Neoliberalism, higher education and the knowledge economy: From the free market to knowledge capitalism [J]. Journal of Education Policy, 2005, 20 (3): 313 –345.

[206] ORGAN D W. The motivational basis of organizational citizenship behavior [J]. Research in Organizational Behavior, 1990, 12 (1): 43 – 72.

[207] OSBORNE S P. The new public governance? Emerging perspectives on the theory and practice of public governance [M]. Routledge, 2010.

[208] OUCHI W G. Markets, bureaucracies, and clans [J]. Administrative Science Quarterly, 1980, 25 (1), 129 – 141.

[209] PACHE A C, SANTOS F M. When worlds keep on colliding: Exploring the consequences of organizational responses to conflicting institutional demands [J]. Academy of Management Review, 2021, 46 (4): 640 – 659.

[210] PACHE A C, SANTOS F. Inside the hybrid organization: Selective coupling as a response to competing institutional logics [J]. Academy of Management Journal, 2013, 56 (4): 972 – 1001.

[211] PACHE A C, SANTOS F. When worlds collide: The internal dynamics of organizational responses to conflicting institutional demands [J]. Academy of Management Review, 2010, 35 (3): 455 – 476.

[212] PARSONS T, SHILS E A. Toward a general theory of action [M]. Harvard University Press, 1951.

[213] PARSONS T. Structure and process in modern societies [M]. The Free Press, 1956/1960/1964.

[214] PETERS T J, WATERMAN R H. Auf der Suche nach Spitzenleistungen: Was man von den bestgeführten US – Unternehmen lernen kann [M]. Redline Wirtschaft, 2003.

[215] PETTIGREW A M. On studying organizational cultures [J]. Administrative Science Quarterly, 1979, 24 (4): 570 – 581.

[216] PETTY R E, CACIOPPO J T, GOLDMAN R. Personal involvement as a

determinant of argument – based persuasion [J]. Journal of Personality and Social Psychology, 1981, 41 (5): 847.

[217] PIENING E P. Insights into the process dynamics of innovation implementation: the case of public hospitals in Germany [J]. Public Management Review, 2011, 13 (1): 127 – 157.

[218] POWELL W W, COLYVAS J A. Microfoundations of institutional theory [M] //Handbook of Organizational Institutionalism. Sage Publishers, 2008: 276 – 298.

[219] PRATT M G, KRAATZ M S. E pluribus unum: Multiple identities and the organizational self [M] //Exploring positive identities and organizations. Psychology Press, 2009: 385 – 410.

[220] PRATT M G, FOREMAN P O. Classifying managerial responses to multiple organizational identities [J]. Academy of Management Review, 2000, 25 (1): 18 – 42.

[221] PRATT M G. To be or not to be: Central questions in organizational identification [M]. SAGE Publications, Inc, 1998.

[222] PURDY J, GRAY B. Conflicting logics, mechanisms of diffusion, and multilevel dynamics in emerging institutional fields [J]. Academy of Management Journal, 2009, 52 (2): 355 – 380.

[223] QUATTRONE P. Governing social orders, unfolding rationality, and Jesuit accounting practices: A procedural approach to institutional logics [J]. Administrative Science Quarterly, 2015, 60 (3): 411 – 445.

[224] RAO H, GIORGI S. Code breaking: How entrepreneurs exploit cultural logics to generate institutional change [J]. Research in Organizational Behavior, 2006, 27: 269 – 304.

[225] RAO H, MONIN P, DURAND R. Institutional change in Toque Ville: Nouvelle cuisine as an identity movement in French gastronomy [J]. American Journal of Sociology, 2003, 108 (4): 795 –843.

[226] RAO H, SIVAKUMAR K. Institutional sources of boundary – spanning structures: The establishment of investor relations departments in the Fortune 500 industrials [J]. Organization Science, 1999, 10 (1): 27 –42.

[227] RAVASI D, SCHULTZ M. Responding to organizational identity threats: Exploring the role of organizational culture [J]. Academy of Management Journal, 2006, 49 (3): 433 –458.

[228] RAYNARD M. Deconstructing complexity: Configurations of institutional complexity and structural hybridity [J]. Strategic Organization, 2016, 14 (4): 310 –335.

[229] REAY T, GOODRICK B, BOCH WALDORFF S, et al. How can you get a leopard to change its spots? Institutional logics and physical role identity [C] //9th Organizational in Healthcare Conference, 2014: 23 –25.

[230] REAY T, HININGS C R. Managing the rivalry of competing institutional logics [J]. Organization Studies, 2009, 30 (6): 629 –652.

[231] REID M, NAYLOR B. Three reasons to worry about museum researchers [J]. Museum Management and Curatorship, 2005, 20 (4): 359 –364.

[232] RINDOVA V, DALPIAZ E, RAVASI D. A cultural quest: A study of organizational use of new cultural resources in strategy formation [J]. Organization Science, 2011, 22 (2): 413 –431.

[233] ROUSSEAU D M. The construction of climate in organizational research [M] // International review of industrial and organizational psychology. John Wiley & Sons, 1988: 139 –158.

[234] ROWLAND N J, ROJAS F. Bringing technology back in: a critique of the institutionalist perspective on museums [J]. Museum and Society, 2006, 4 (2): 84 – 95.

[235] RUNDALL T G, SHORTELL S M, ALEXANDER J A. A theory of physician – hospital integration: Contending institutional and market logics in the health care field [J]. Journal of Health and Social Behavior, 2004: 102 – 117.

[236] RUSHTON M. Strategic pricing for the arts [M]. Routledge, 2014.

[237] SANDBERG B, ELLIOTT E, PETCHEL S. Investigating the marketization of the nonprofit sector: A comparative case study of two nonprofit organizations [J]. VOLUNTAS: International Journal of Voluntary and Nonprofit Organizations, 2020, 31: 494 – 510.

[238] SANDERS M L, MCCLELLAN J G. Being business – like while pursuing a social mission: Acknowledging the inherent tensions in US nonprofit organizing [J]. Organization, 2014, 21 (1): 68 – 89.

[239] SCHAUFELI W B, SALANOVA M, GONZÁLEZ – ROMÁ V, ET AL. The measurement of engagement and burnout: A two sample confirmatory factor analytic approach [J]. Journal of Happiness Studies, 2002, 3: 71 – 92.

[240] SCHEIN E H. How can organizations learn faster? The challenge of entering the green room [J]. Sloan Management Review, 1993, 34 (2): 85 – 93.

[241] SCHEIN E H. Increasing organizational effectiveness through better human resource planning and development [J]. Readings in Human Resource Management, 1985, 376.

［242］ SCHEIN E H. Organizational culture and leadership ［M］. John Wiley & Sons, 2010.

［243］ SCHEIN E H. Organizational culture ［M］. American Psychological Association, 1990.

［244］ SCHEIN E H. Organizational socialization ［J］. Industrial Management Review, 1968, 9 （2）: 1 – 16.

［245］ SCHNEIDER B. The people make the place ［J］. Personnel Psychology, 1987, 40 （3）: 437 – 453.

［246］ SCHRODT P. The relationship between organizational identification and organizational culture: Employee perceptions of culture and identification in a retail sales organization ［J］. Communication Studies, 2002, 53 （2）: 189 – 202.

［247］ SCOTT D. Refashioning futures: Criticism after postcoloniality ［M］. Princeton University Press, 1999.

［248］ SCOTT M. Cultural entrepreneurs, cultural entrepreneurship: Music producers mobilising and converting Bourdieu's alternative capitals ［J］. Poetics, 2012, 40 （3）: 237 – 255.

［249］ SCOTT S G, LANE V R. A stakeholder approach to organizational identity ［J］. Academy of Management Review, 2000, 25 （1）: 43 – 62.

［250］ SCOTT W R, MEYER J W. Institutional environments and organizations: Structural complexity and individualism ［M］. Sage Publications, 1994.

［251］ SCOTT W R, MEYER J W. The organization of societal sectors ［M］// MEYER J W, SCOTT W R. Organizational Environments: Ritual and Rationality, Sage, 1983: 129 – 153.

［252］ SCOTT W R. A Call for Two – Way Traffic: Improving the Connection Between Social Movement and Organizational/Institutional Theory [C]. A Conference to honor Mayer D. Zald, University of Michigan, September 17 and 18, 1999.

[253] SCOTT W R. Competing logics in health care: Professional, state, and managerial [M] //Dobbin F. Sociology of the economy. The Russell Sage Foundation, 2004: 267 – 287.

[254] SCOTT W R. Entrepreneurs and professionals: The mediating role of institutions [M] //Institutions and entrepreneurship. Emerald Group Publishing Limited, 2010: 27 – 49.

[255] SCOTT W R. Institutional theory: Contributing to a theoretical research program [J]. Great Minds in Management: The Process of Theory Development, 2005, 37 (2): 460 – 484.

[256] SCOTT W R. Institutions and organizations: Ideas, interests, and identities [M]. SAGE Publications, 2013.

[257] SCOTT W R. Lords of the dance: Professionals as institutional agents [J]. Organization Studies, 2008, 29 (2): 219 – 238.

[258] SELZNICK P. The moral commonwealth: Social theory and the promise of community [M]. Univ of California Press, 1992.

[259] SIEHL C, MARTIN J. Measuring organizational culture: Mixing qualitative and quantitative methods [J]. Inside Organizations: Understanding the Human Dimensions, Newbury Park: SAGE, 1990: 79 – 103.

[260] SIMON H A. A Comment on" The Science of Public Administration" [J]. Public Administration Review, 1947, 7 (3): 200 – 203.

[261] SIMON H A. From substantive to procedural rationality [M] //25 years of economic theory: Retrospect and prospect. Boston, MA: Springer US,

1976: 65 – 86.

[262] SMETS M, JARZABKOWSKI P, BURKE G T, et al. Reinsurance trading in Lloyds of London: Balancing conflicting – yet – complementary logics in practice [J]. Academy of Management Journal, 2015, 58 (3): 932 – 970.

[263] SMIDTS A, PRUYN A T H, VAN RIEL C B M. The impact of employee communication and perceived external prestige on organizational identification [J]. Academy of Management Journal, 2001, 44 (5): 1051 – 1062.

[264] SMITH C, ORGAN D W, NEAR J P. Organizational citizenship behavior: Its nature and antecedents [J]. Journal of Applied Psychology, 1983, 68 (4): 653.

[265] SMIRCICH L. Organizations as shared meanings in Pondy LR, Frost PJ, Morgan G. and Dandridge TC; Organizational symbolism [M]. JAI Press, Greenwich (CT), 1983.

[266] SUÁREZ D F, HUSTED K, CASAS A. Community foundations as advocates: Social change discourse in the philanthropic sector [J]. Interest Groups & Advocacy, 2018, 7 (3): 206 – 232.

[267] SUÁREZ D F. Collaboration and professionalization: The contours of public sector funding for nonprofit organizations [J]. Journal of Public Administration Research and Theory, 2011, 21 (2): 307 – 326.

[268] SUDDABY R, GREENWOOD R. Rhetorical strategies of legitimacy [J]. Administrative Science Quarterly, 2005, 50 (1): 35 – 67.

[269] SWIDLER A. Culture in action: Symbols and strategies [J]. American Sociological Review, 1986: 273 – 286.

[270] TAJFEL H. Social psychology of intergroup relations [J]. Annual Re-

views in Psychology, 1982, 33 (1): 1 – 39.

[271] TAYLOR S E, CROCKER J. Schematic Bases of Social Information Processing [M] //Social Cognition. Routledge, 1981.

[272] TEDESCHI J T, ROSENFELD P. Impression management theory and the forced compliance situation [J]. Impression Management Theory and Social Psychological Research, 1981: 147 – 177.

[273] TEELKEN C. Hybridity, coping mechanisms, and academic performance management: Comparing three countries [J]. Public Administration, 2015, 93 (2): 307 – 323.

[274] THOMSON L, CHATTERJEE H. Assessing well – being outcomes for arts and heritage activities: Development of a Museum Well – being Measures toolkit [J]. Journal of Applied Arts & Health, 2014, 5 (1): 29 – 50.

[275] THORNTON P H, OCASIO W, LOUNSBURY M. The institutional logics perspective: A new approach to culture, structure and process [J]. OUP Oxford, 2012.

[276] THORNTON P H, OCASIO W. Institutional logics and the historical contingency of power in organizations: Executive succession in the higher education publishing industry, 1958 – 1990 [J]. American Journal of Sociology, 1999, 105 (3): 801 – 843.

[277] THORNTON P H, JONES C, KURY K. Institutional logics and institutional change in organizations: Transformation in accounting, architecture, and publishing [M] //Transformation in cultural industries. Emerald Group Publishing Limited, 2005: 125 – 170.

[278] THORNTON P H, OCASIO W. Institutional logics [M] //GREENWOOD R, OLIVER C, SUDDABY R, et al. The SAGE Handbook of Or-

ganizational Institutionalism. SAGE Publications, 2008: 99 – 128.

[279] THORNTON P H. Markets from culture: Institutional logics and organizational decisions in higher education publishing [M]. Stanford University Press, 2004.

[280] THORNTON P H. Personal versus market logics of control: A historically contingent theory of the risk of acquisition [J]. Organization Science, 2001, 12 (3): 294 – 311.

[281] THORNTON P H. The rise of the corporation in a craft industry: Conflict and conformity in institutional logics [J]. Academy of Management Journal, 2002, 45 (1): 81 – 101.

[282] THORNTON P H. The value of the classics [M] // ADLER P. The Oxford handbook of sociology and organization studies: Classical foundations. Oxford University Press, 2009.

[283] TLILI A. Managing performance in publicly funded museums in England: effects, resistances and revisions [J]. International Journal of Heritage Studies, 2014, 20 (2): 157 – 180.

[284] TOLBERT P S, ZUCKER L G. Institutional sources of change in the formal structure of organizations: The diffusion of civil service reform, 1880 – 1935 [J]. Administrative Science Quarterly, 1983: 22 – 39.

[285] TOUBIANA M. Once in orange always in orange? Identity paralysis and the enduring influence of institutional logics on identity [J]. Academy of Management Journal, 2020, 63 (6): 1739 – 1774.

[286] TRICE H M, BEYER J M. Cultural leadership in organizations [J]. Organization Science, 1991, 2 (2): 149 – 169.

[287] TRICE H M, BEYER J M. Studying organizational cultures through rites

and ceremonials [J]. Academy of Management Review, 1984, 9 (4):
653 – 669.

[288] TURNER J C, OAKES P J. The significance of the social identity concept
for social psychology with reference to individualism, interactionism and
social influence [J]. British Journal of Social Psychology, 1986, 25
(3): 237 – 252.

[289] TYLER T, DEGOEY P, SMITH H. Understanding why the justice of
group procedures matters: A test of the psychological dynamics of the
group – value model [J]. Journal of Personality and Social Psychology,
1996, 70 (5): 913.

[290] ÜBERBACHER F, JACOBS C D, CORNELISSEN J P. How entrepre-
neurs become skilled cultural operators [J]. Organization Studies,
2015, 36 (7): 925 – 951.

[291] VAN DICK R. My job is my castle: Identification in organizational con-
texts [J]. International Review of Industrial and Organizational Psychol-
ogy, 2004, 19: 171 – 204.

[292] VAN MAANEN J. People processing: Strategies of organizational sociali-
zation [J]. Organizational Dynamics, 1978, 7 (1): 19 – 36.

[293] VAN SAAZE V, WHARTON G, REISMAN L. Adaptive institutional
change: Managing digital works at the museum of modern art [J]. Mu-
seum and Society, 2018, 16 (2): 220 – 239.

[294] WALDORFF S B, REAY T, GOODRICK E. A tale of two countries:
How different constellations of logics impact action [M] //Institutional
logics in action, Part A. Emerald Group Publishing Limited, 2013, 39:
99 – 129.

[295] WASSERMAN V, FRENKEL M. Organizational aesthetics: Caught between identity regulation and culture jamming [J]. Organization Science, 2011, 22 (2): 503 – 521.

[296] WEBER K, DACIN M T. The cultural construction of organizational life: Introduction to the special issue [J]. Organization Science, 2011, 22 (2): 287 – 298.

[297] WEBER K. A toolkit for analyzing corporate cultural toolkits [J]. Poetics, 2005, 33 (3 – 4): 227 – 252.

[298] WEBER M. Power [M] //Essays in sociology, Oxford University Press, 1946: 159 – 266.

[299] WEBER M. The Protestant Ethic and the Spirit of Capitalism [M]. Scribners, 1958.

[300] WEICK K E. Sensemaking in organizations [M]. Thousand Oaks, CA: SAGE Publications, 1995.

[301] WEBER K, HEINZE K L, DESOUCEY M. Forage for thought: Mobilizing codes in the movement for grass – fed meat and dairy products [J]. Administrative Science Quarterly, 2008, 53 (3): 529 – 567.

[302] WESTPHAL J D, ZAJAC E J. Substance and symbolism in CEOs1ong – term incentive plans [J]. Administrative Science Quarterly, 1994 (39): 367 – 390.

[303] WIENER Y. Forms of value systems: Focus on organizational effectiveness and cultural change and maintenance [J]. Academy of Management Review, 1988, 13 (4): 534 – 545.

[304] WIESENFELD B M, RAGHURAM S, GARUD R. Organizational identification among virtual workers: The role of need for affiliation and perceived

work – based social support [J]. Journal of Management, 2001, 27 (2): 213 – 229.

[305] WILEY N. The micro – macro problem in social theory [J]. Sociological Theory, 1988, 6 (2): 254 – 261.

[306] WILKINS A L, OUCHI W G. Efficient cultures: Exploring the relationship between culture and organizational performance [J]. Administrative Science Quarterly, 1983: 468 – 481.

[307] WRY T, LOUNSBURY M, GLYNN M A. Legitimating nascent collective identities: Coordinating cultural entrepreneurship [J]. Organization Science, 2011, 22 (2): 449 – 463.

[308] XIN K R, TSUI A S, WANG H, ET AL. Corporate culture in state – owned enterprises: An inductive analysis of dimensions and influences [M] //The management of enterprises in the People's Republic of China. Springer US, 2002: 415 – 443.

[309] YAN M. Corporate social responsibility versus shareholder value maximization: Through the lens of hard and soft law [J]. Northwestern Journal of International Law & Business, 2019, 40 (1): 41 – 85.

[310] YORK J G, VEDULA S, LENOX M J. It's not easy building green: The impact of public policy, private actors, and regional logics on voluntary standards adoption [J]. Academy of Management Journal, 2018, 61 (4): 1492 – 1523.

[311] ZHAO J. Contemporary organizational change in community – oriented policing: A contingency approach [M]. Washington State University, 1994.

[312] ZILBER T B. Institutional multiplicity in practice: A tale of two high – tech conferences in Israel [J]. Organization Science, 2011, 22 (6):

1539 – 1559.

[313] ZILBER T B. The work of meanings in institutional processes [M]. The SAGE handbook of organizational institutionalism. SAGE Publications, 2008: 151 – 169.

[314] ZUCKERMAN E W. The categorical imperative: Securities analysts and the illegitimacy discount [J]. American Journal of Sociology, 1999, 104 (5): 1398 – 1438.

[315] ZUKIN S, DIMAGGIO P. Structures of capital: The social organization of the economy [M]. CUP Archive, 1990.

[316] 单霁翔, 毛颖. 从"故宫"到"故宫博物院"——单霁翔院长专访 [J]. 东南文化, 2016 (5): 12 – 19.

[317] 杜运周, 尤树洋. 制度逻辑与制度多元性研究前沿探析与未来研究展望 [J]. 外国经济与管理, 2013 (12): 2 – 10.

[318] 段勇. 当代中国博物馆 [M]. 南京: 译林出版社, 2017.

[319] 傅振伦. 博物馆学概论 [M]. 北京: 商务印书馆, 1957.

[320] 郭建志. 组织文化研究之回顾与前瞻 [J]. 应用心理研究, 2003 (20): 83 – 114.

[321] 李海, 张德. 组织文化与组织有效性研究综述 [J]. 外国经济与管理, 2005, 27 (3): 2 – 11.

[322] 李金波, 许百华, 陈建明. 影响员工工作投入的组织相关因素研究 [J]. 应用心理学, 2006, 12 (2): 176 – 181.

[323] 吕济民, 当代中国的博物馆事业 [M]. 北京: 当代中国出版社, 1998.

[324] 谭斌. 故宫也要改革 [J]. 故宫博物院院刊, 1998 (3): 1 – 4.

[325] 王树卿, 邓文林. 故宫博物院历程 [M]. 北京: 紫禁城出版

社，1995.

[326] 王彦斌．管理中的组织认同：理论建构及对转型期中国国有企业的实证分析［M］．北京：人民出版社，2004.

[327] 魏钧，张德．传统文化影响下的组织价值观测量［J］．中国管理科学，2004（z1）：420 – 425.

[328] 吴学婷．关于创新博物馆教育工作的几点思考［J］．人力资源管理，2015（9）：156 – 157.

[329] 杨新．简论故宫博物院文物业务机构的改革［J］．故宫博物院院刊，1998（3）：5 – 10.

[330] 郑伯壎，组织文化价值观的数量衡鉴［J］．中华心理学刊，1990（32）：31 – 49.

[331] 郑伯壎，组织文化与员工效能——上下契合度的效果［M］//组织文化——员工层次的分析．台北：远流出版社，2001.

[332] 郑欣淼．故宫的价值与故宫博物院的内涵［J］．故宫博物院院刊，2003（4）：1 – 8.